Den ludna dörren III: Förbannelser

Den ludna dörren III:
Förbannelser

Omslagillustration: Uffe Berggren
Layout: Reagens Kommunikation KB.
Förlag: BoD – Books on Demand, Stockholm, Sverige
Tryck: BoD – Books on Demand, Norderstedt, Tyskland
ISBN: 9789179699062

Den ludna dörren III:
Förbannelser

Uffe Berggren

"Die grossen Männer tun, als ob sie weise wären
Und reden sehr laut – wie die Tauben.
Die grossen Männer sollte man ehren
Aber man sollte ihnen nicht glauben."
– Bert Brecht

Den ludna dörren III: Förbannelser

Den ludna dörren III: Förbannelser

Kanske var allt det här enbart ett sätt att undvika att ta itu med det viktiga

Som om vi bara sköt upp allt det vi "måste" göra för att undvika att kritiseras

För att vi gjorde fel och istället tog skället för att vi inte hade blivit färdiga i tid

På det sättet räddade vi ansiktet i ett visst härad av livet, men tappade det i andra

Som om det skulle kunna göra någon skillnad hur det nu gick till för oss att misslyckas

Med de smartaste idéerna som alltid var de mest lättfångade och snabbgenererade längs banan

Utan att vi på allvar riktigt visste vad det skulle kunna handla om i alla fall

Så att vi med tillförsikt skulle kunna leta oss vidare i nattens enformiga lekar

På det där charmerande och insmickrande viset vi alltid hållit för falskhetens nuna

I de försök vi hade utsatts för i det förflutnas dammiga korridorspringande

Bara för att den verklighet vi försökte rå på var alldeles

för valhänt för oss då

Och kanske inte blev så mycket mer lätthanterlig när
tiden passerade oss

Och landade som en ostyrig byracka mitt under
sammanträdesbordets ödsliga yta

På det där enerverande sättet som alla de där
dialekterna genererade sammantaget

I alla de instanser vi mötte det som ett generellt tillstånd
av omgivande insikter

Då det största tillrättaläggandet var ett slags oväsen vi
höll för osant under lång tid

På det viset blev vi mer eller mindre immuna mot
tankarna på alla våra begränsningar

Som om de egentligen vore till för att bränna oss
ordentligt i allt det eftertänksamma

Med delarna av det förflutna hängande runt halsen som
slitna troféer av eftertanke

På den sidan av verkligheterna vi ska undvika att hamna
med vett och vilje

Utan vi skulle helst vilja bestämma var och hur vi gick
vidare med detta ärende

Som om det egentligen spelade någon roll vem som
utförde tjänsterna i framtiden

Där, just där, har vi tappat bort alla vettiga tankar i sluttningen

Och väntar oss mer än det enkla för att kunna fortsätta vandringen i det totala mörkret

Som om alla våra initiativ äntligen börjar bli så hämmade att de verkligen fungerar

Utan att vi oavbrutet tvingas att piska på dem för att få dem i körbart skick igen

Kanske det leder till en helt annan dimension av utbrändhet i vansklighetens tecken

På den sista av motvallserna vi alltid sökt beröm för att dela med oss av under dagen

Utan att vi skulle kunna få ett bättre resultat utan det enklaste vi söndertrasat oss för

Som en slags stödstrumpa för alla de distraktioner vi ådagalagt under vår vingliga färd

Som om det inte enbart skulle räcka med de oavsiktliga tankarna på vad som ska komma

Utan fast mer en ytterligare insikt på det slutgiltiga vi har att låta oss förstå mer av

På det där så charmiga sättet vi alltid har beundrat hos

andra, men inte gillat hos oss själva

Och saknar de argument vi aldrig skulle ha kunnat
använda på vårt eget allvar

Som om det letar oss bort från den väg vi borde hålla
oss till för att nå fram till sjöarna

Där slutsignalerna ekar ödsligt över den vindkårade
vattenytans grådaskiga spegelskiva

Och det enda vi säkert lever med i sluttryckets envisa
flammigheters enerverande

Störningar i våra insikters enstaka hakningar i detta
brutala ljussken från underjorden

Och många andra företeelser bryter oss isar att halka
vidare på under nattliga utfärder

På den sida av den så bistert flinande verkligheten vi
för tillfället råkar befinna oss

Utan att kunna hålla undan för allt det enkla i våra
slutkörda avsikters garageportar

Så att vi skulle kunna sluta oss till vad det egentligen
handlar om i avsiktslöshetens

Så bistra inställningar mot allt det oavslutade i våra
uppfattningar av omgivningens murar

På det sätt vi hittills landat i alla våra oavsiktliga brötar
av tankegods ur det förflutna

Vindarnas skelögda nätter ska vandra med oss ett längre stycke

Utan att det ska innebära några dysfunktionella artisterier i allvarliga bristers godhet

När vi skulle hålla oss undan för att inte längre delta i våra egna fantasiers upptåg

Och det vi helst av allt ville undvika var den del av hamnpirens sträckning i natten

Där vi en gång för länge sedan oförhappandes lyckades fånga en torsk i den brutala natten

Och sakta cyklade hemåt på den röda monarken i den skånska nattens vindpinade mörker

Som vi ska dela med alla andra som fiskar i nattens subversivt dolda agendor om hösten

Kanske till en del utan tillstånd för att komma närmare det där så primitiva inombords

Eller kunna ställa till det riktigt ordentligt för oss på det slutna allvarets insikter

Som om det vi helst av allt har undvikit ska kunna leda oss vidare på ett nytt allvar

Där de mörka tonerna skapas av de långsamma

dyningarna längs snäckskalsstranden

Och de där händelserna som vi har undvikit så länge
ska innebär smärta för oss

Som om det nu kommer åter som en överraskning i våra
slutkörda hjärnformar

Kanske till och med våra oavsiktliga tankegropar ska
fortsätta att fungera framöver

När alla andra ger sig av i skymningen för att långsamt
driva hemåt längs gatorna

I den diminutivt urbana samlingen av fastighetens
kurande under vindens mäktiga näve

Som om det inte finns möjlighet till det allra minsta
skydd mot oavsiktliga fotsteg

Då vi ska hålla oss undan från lag och ordning i en
västerbottnisk by åter igen

Utan att vi kan ange några skäl för att det ska hålla oss
undan i anden på nytt

Så, utan diggedarier blir allt detta ett slags nytt uppdrag
för nattens slitne riddare

Och då ska vi slutligen inse vidden av den grumliga
horisontens inflytande på oss

Som om det inte räckte med det som fanns där tidigare
i våra umbäranden

Uppsiktens enda kvarvarande riddare ska leda oss vidare i livet

De tar sitt med en tudelad inlevelse som inte gärna fungerar i det vanliga gråvädret

Utan mer vill låta påskina att solen skulle hållas i schack för att hålla undan i natten

På det där viset vi alltid tyckte var alltför insmickrande för att vara en del av sanningarna

Som drev omkring under hela de där uppenbara veckorna vi aldrig skulle vilja minnas igen

Kanske vi håller oss för goda för att kunna inse något mer än det mest uppenbara

Så att vi håller oss undan under regnvädret för att kunna lära oss mer av väderleken

Kanske på alla vidare insikter vi har att låta oss förstå det så enkla medel under leken

Än de tankar vi håller oss undan för att slita oss från de avsikter vi hållit oss med

Under så många långa år av successiva intressen vi tidigare hade kunnat lägga åt sidan

Så fast nere i berggrunden att vi slösar med

hållfasthetens attribut under veckosluten

Eftersom det är det enda som detta skulle kunna
innebära för oss i slutändens kaos

På de uppenbara motsättningarnas kusar vi släpar oss
till sängs för att övervinna allt

Kanske inte ens det kommer att vara tillräckligt i alla
de där motluten som väntar

I vakvattnet efter allt vad vi skulle vilja föreställa oss
snarare än att vet säkert

Kanske till och med i en vaknatts ouppnåeliga resultat
i alla motlut i den kända världen

På den långa kontinuitetens svettiga rygg landar vi i
slitstyrkans oppositionella famn

Utan att det egentligen innebär någon större skillnad i
motsatsernas enfaldiga länder

Som om allt det där ett förflutet vi skulle ha kunnat rätt
oss efter om vi hade yttrat oss

I den slitstarka efterdyningen av alla de där svallvågorna
Kvinneline alltid talade om

På den uppenbara sidan av all de uppbyggnad som skulle
krävas för att nollställa allt

Och det vi trodde att just detta skulle kunna komma att
ge för exakta resultat

Nu är det allmänt omstritt huruvida gryningen är nattens död eller dagens födelse

Och en av Joe Dorris' tankar på sitt gamla hemland är en tes vi driver vidare

Som om det slitna i mellanrummen i hjärnan frotterade synapser ska leta fram

Alla nya volymer av kunskaper från hyllorna i allmänhetens bokmagasin

Som om det vi slutade att tro vore det allra värsta scenariet för vad som skulle komma

Utan att vi hade en aning om vad det egentligen innebär på betydligt längre sikt

Kanske till och med i ett annat slags kontinuum än det vi lärt oss att hantera

Som om det enbart handlar om magikernas upptränade handlag och fingerfärdighet

Då det ska vankas pompa och kams som de enda måltiderna under långa månader

Där vi möjligen kan försöka förstå oss på vad vi har att hantera i skogens inre

Utan att det fördenskull skulle betyda något annat än
vad vi trodde från starten
Av alla dessa vindlade stigar och skogsvägar som inte
är markerade på kartorna
Utan leder till några alternativa beskrivningar av mycket
alternativa verkligheter
På insidan av den där vanliga verkligheten vi så
småningom verkar ha vant oss vid
Och de andra ska vi ta med en nypa salt, eller kanske
skygga helt från under dagen
För att leta oss närmare när natten träder in och vill ha
scenen helt för sig själv
Som om det skulle vara naturligt att hålla undan för alla
incidenter omkring en
När vi helst av allt skulle vilja vara helt uppslukade och
involverade oavbrutet
Utan att det på något sätt och vis skulle kunna föra oss
vidare in i alla motstånd
Men kanske med en smula medlidande på den allra
yttersta kanten av den verkligheten
Av allt vi vill försöka att undvika så länge det tycktes
möjligt utan hjälp och stöd
Som om vi aldrig gjort något som helst för att försöka
lösa den gordiska knuten

Under alla de där saknade verkligheternas insikter om trädens inbyggda rytm

Skulle vi onekligen kunna hantera oss själva med mer
omsorg och hänsynsfullhet

För att inte tala om allt vi håller oss undan för att driva
bort oss själva i morgondaggen

Möjligen en saknad eller två till frukost – men sedan får
det allt räcka för denna dag

Utan de saftflaskor vi alltid samlar livets kunskaper på
under veckorna som förflyter

På det där charmigt gammeldags sättet vi ska undanhålla
alla vetskaper om framöver

Så att vi inte hamnar i främmande sitsar som skrämmer
skiten ur våra skrajsna själar

Utan dessa inbyggda tvivel kan vi alltid hävda att våra
slutledningar håller måtten

Som om det egentligen ska handla om något annat under
det mottagliga ljuset

Och vi ska hamna i våra egna motsättningar på ett mer
utstakat allvar i förlängningen

Av alla de ronder vi tvingades igenom för att visa att vi

fortfarande var med på banan

I den där lilla falufärgade byn vid sjön som enligt uppgift
inte innehöll någon fisk

Utan mer var att betrakta som en avbild av en sjö – en
sjöattrapp om man så vill

Då slutar vi genast med att hålla undan för våra egna
tankar och ska briljera mer

Genom att sno åt oss tankegods från folk vi ännu inte
ens hunnit bli bekanta med

Så att vår dager blir den mest framträdande i det sken
som lyser över oss alla

Och vi fortsätter i en slags sittande ställning vi ännu
inte riktigt är vana vid

Åtminstone inte på det där vanliga självklara sättet som
är så charmigt att betrakta

Om vi istället för aktörer upplever oss om betraktare av
vår egen lilla slutna värld

Där upp är ner och vänster är höger, som om vi inte har
koll på sådana enkla saker

Utan tvingas omformulera riktningar i takt med att vi
fortsätter leva våra liv

På det där småsint iakttagande sättet vi alltid har
undvikit att betrakta som vårt eget

Kanske vi ville veta mer än vi kunde absorbera ur verkligheten

Så vi fick inget riktigt grepp på vad allt egentligen handlar om i förlängningen

I den kontaktlösa stjärnhimlens enstaka uppträden av insikter som stukats i begynnelsen

Som om allt ändå enbart är någon form att slutledningsförmåga som gått överstyr

Med alla de avsikter som skulle kunna vara uppriktiga eller helt påhittade i stunden

Utan att det på minsta sätt förefaller vara en del av det vi ska undvara i stunden

På sådana sätt som vi letar oss ini på ett nytt allvar och delar med oss av till slut

Utan att de bajonetter av blommor som distraherar oss stående på det bästa benet

I skuggan av en martall gömd i den krypande vegetationen på bergssidans brant

Kanske till och med i denna stund någon form av slutledning utan begränsningar

Och det tankarna är sysselsatta med ska vi aldrig undvika

att återvända till senare

Som om det enda det handlar om är vårt flackande
mellan olika punkter i världen

Utan rast eller ro, ständigt i ena eller andra
förflyttningssättet i snabbtänkthetens utposter

Utan att vi länder oss till heder eller vanrykte i snabba
kast mellan ljus och mörker

På alla de sätt vi skulle kunna lita mer på vårt eget
omdömes exakta vetenskaper

När vi upphör att lita till exaktheternas brus av
tillförlitlighet och stukar vanhävden

Som om den skulle kunna betyda mer än alla små torg
med caféer runt om i världen

Sanningarna haltar i skuggorna och bligar vanögt på
oss i sluttampens irriterande ljus

Medan det du letar efter fortfarande ska kunna hålla sig
undan under täckmantlar

Som om slutförvaringen är den sista instans som
kommer att identifiera dina humör

På den sida av verkligheterna som vi ska förstå oss på
ett slags allvar i motljuset

Och vi ska hålla oss undan alla de där inviterna till att
skapa lugn och ro

När sovmorgnarna är lika sällsynta som sjösjuka sälar på fyra ben

Ska vi lära oss de allra värsta läxorna i dessa slitna universa i tätare följd än förr

För att vad vi ansåg vara till fyllest under gårdagarna är inte lika lättuggat längre

Så vi brister av alla de insikter vi har missat att ta till oss på ett nyare allvar

Och ska fortsätta dela med oss av allt vi håller undan för att slita med oss av

Kanske i en smickrad insiktsfullhet vi inte längre är så attraherade av under dagtid

Men som kanske ska kunna driva oss hårdare in i arbetsselarnas motsträviga kontaktytor

Under de fagra ytorna av indikationer på alla möjliga snedställda avsikters hälta

I de dalande solarnas abrupta färd över himlavalven och det mest förenklade scenarier

I de oavslutade insatserna oursprungliga taffligheter på vår sida av den krattade manegen

Som om de där tankarna aldrig ska sluta att försöka

invadera våra hjärnor med trams
Utanför den hydda av plikt och ansvar som vi tvingats
in i med hot och löften om vanvård
I alla de steg vi tvingats ta med ena foten i rännstenen
och den andra fast i drömmarna
Och som om det är alldeles för syndigt att vakna utan
möten att passa och hinna till
Ska vi ändå leta förgäves i kalendern efter minsta notat
om fortsättningar på allt detta
Som understöder alla våra sorgliga saknader på ett
ganska omoget och oansvarigt sätt
Utan att vi fylls av förvåningar, och det kanske är det
allra mest konfunderande
Vi har att kämpa mot i alla de svallvågor av människor
som vältrar in över oss
Där förorternas annekterande av livsrummens
oreflekterade själsliga avsikter
Ska hålla oss undan i allt det vi mest längtar efter att fly
bort från på vingarnas fötter
Som om slitet ska belönas med torra sockar och varma
choklader under duggregn
Och allt vad vi inser att vi skulle kunna undvika att vara
en så sliten del av

Galna är de skepnader som väcker mig i praktikerna om nätternas agendor

Utan att jag förstår det allra minsta vad det ska handla
om i mothållets baksida

På ett sätt jag aldrig kommer att vänja mig vid under
denna tid av allvar och tyngd

Som om det jag helst av allt skulle vilja undvika är att
fastna här i verkligheterna

På den snarstuckna sidan av egot som letar fel hos alla
omkring mig i nätternas brus

Utan att vi någonsin ska undvika att hålla oss undan på
något slags allvarligare sätt

Det påtagliga i den ekvationen handlar om vad som är
mest osannolikt att inträffa

Utan att vi kan ha någon som helst avgörande inverkan
på sakernas tillstånd över tid

Och det, antar vi, kommer att innebära slutet för
antikonformismens galna upptåg

Utan att vi på något sätt har gett vika för alla de
påtryckningsförsök som attackerar oss

Från alla håll och kanter i vår slutgiltiga uppfattning

om vad allt till sista handlar om

På det viset att vi aldrig ska kunna spåra vem som var upphovet till våra skador

Med eleganta gester i de skimrande solnedgångarnas avslitna tidsuppfattningar

I allt det påstått efemära i våra insatser över den gång tidens invecklade tentakler

På de avstånd vi borde ha förstått skulle vara helt och hållet otillräckliga för detta syfte

Så vi landar numera i barmarkernas ouppnåeliga metamorfoser av nygrundade avsikter

På den sida av nätterna som vi egentligen aldrig räknat med skulle vara en av realiteterna

I alla de delarna som vi ännu inte lärt oss att säga att till fullo förstå på det riktiga sättet

Som om det skulle finnas något sämre alternativ att hålla i handen när åskan går

När våra stridsrop slutligen tystnar långt nere i dagvattenbrunnarnas ekokammare

Som om det skulle leda oss in på bättre tankar under det slutförvar vi flyr från

Och kanske ska dela in oss efter blodgrupper eller kroppslängder som exempel

Två dagar i samhällena längst bort från mig

Delar upp mig i snabba tankar som ska skada mig när jag upptäcker vådan av detta

Som om jag inte är klipsk nog att själv inse vartåt det lutar i denna brustna kvällning

På den andra sidan av mina jag ska jag leta efter de där sakerna jag bara kan ana att de finns

Som om det skulle finnas dimensioner omkring mig som jag inte kan uppleva till fullo

När de gamla föreställningarna av hur världarna är skapta ska leda mig mer vilse

För att jag vill leda mig själv vidare i världar av tvivel och sammanstötningar på rulle

Bara för att de där motorvägarna ska leda mig tillbaka till mina sorgliga självidentiteter

Som några slags slutledningar andra gjort, men jag borde kunna avgöra på egen hand

Utan att något av allt detta ska vara en del av vad vi slutligen ska kunna kalla framtiderna

I alla de motsättningar det nu ska leda oss in i på några

spår vi ska förefalla främmande inför

Vad som kan komma att dela våra själv i den uppenbara
skiktning det ska medföra

Utan att någon av oss kan förstå det så mycket längre i
insikternas slutna inferno

På lång sikt eller med kortare perspektiv spelar inte
längre så stora roller

Om nu liven enbart vore vad vi kallar det som händer
när vi är vakna ska det ta

Alla våra uppmärksamheter i anspråk för att vi letar oss
in i dagningarnas uppsåt

På de agendor vi aldrig riktigt tagit del av på ett så
ovarsamt sätt att vi baxnat

Vid tankarna på att försöka ta oss tillvara utan anspråk
på andra realiteter än nuen

Som ska leda oss vidare på våra vägar av kvicksilver och
nedsatta temperaturers anlopp

Kanske vi till och med skulle kunna existera i några
slutna system utan fler anspråk

Tagna till den del av sanningarna vi plutar med munnen
för att kunna uppnå genast

När det kanske betyder att vi aldrig ska sluta ringarna
före kvällarnas ensidigheter

Ser de delar vi har slutit avtal med att hålla av i den hårda vindens grepp

Som om alla våra avsikter ska dela med oss som en gungande virvel av vanmakter

Utan att det leder någon vart på något som helst sätt och vis i motståndets välmåga

Likt de sedvanliga tankar vi håller undan från för att bli ännu mer likriktade igen

I alla de delar av vår gemensamma verklighet som vi ska hålla undan från

Med de allomfattande alldagligheter vi ska fundera över under alla tankar vi haft

På de slitna verkligheter vi försöker leva i med eftertankar som rör allt i universum

Så, i städerna återfinner vi de vitaliteter som vi vandrat förbi otaliga eftermiddagar

Utan att ens notera att de existerar på de där platserna vi ska veta mer om ännu

Utan de mest allvarliga insatser vi har att dela med oss av på någon slags erkänslor

Kanske vi till och med ska avstyra alla de förberedelser

vi nu tagit oss an

Och sluta freder med alla de själar som vi någonsin har reagerat på under livet

De mest utarmade och ekonomiskt fattiga delarna av våra universa ska leda oss

In i de riktigt avslappnade omgivningar vi ska kämpa länge och väl för

Att kunna behålla som delar av våra existensers bakgrunder på alla sätt och vis

Som om det vi avslutar är det mest komplicerade av alla företag vi involveras i

Och även i detta värv litar vi bergfast på våra intuitioners vinst över det osäkra

I sluttampen av alla våra fumliga försök att göra oss till herrar över våra vardagar

Utan att vi lämnade det allra minsta åt någon av alla slumpar vi stötte på längs vägarna

Så, igenom alla de där väggarna och murarna av personligheter ska vi slumpa oss

Vidare i alla nätter vi någonsin har lyckats uppleva som delar av alla fabriksbyggnader

Utan att vi för den skull låter det påverka oss mer än vad nödvändigheterna ska kräva

När nätterna är det enda som blixtrar vidare i våra huvuden

Ska vi lätt kunna hålla oss undan i alla de uppenbara misstag vi vet att vi gör

Utan att vi tycks kunna göra något mer åt det än att klaga på vädret och dess effekter

Som om vi slutar begripa när vi öppnar munnen i alla uppenbara abrovinklar

Kanske det till och med ska hålla oss undan de slitstarka skrämselhickorna av lut

När alla våra tafatta försök att dela med oss av de liv vi tycker oss leva i alla ögonblick

Vad det skulle kunna innebär är en av realiteterna vi tvingas att tampas med

På ett sätt som är ganska främmande för oss i alla de motlut vi tränger igenom

Och landar i acceptanser vi aldrig skulle fatta att vi aldrig inse mer av efter tid

Kanske till och med utan att delta i det sprängande vårdslösa vi vet med att vi har

En smula respekt för i alla de vattenspeglar vi ständigt

ser himlarna reflekteras i

Dagarnas slut är en av de viktigare frågorna vi arbetar
med i ljusskiftningarnas lägen

Som om allt vi undvikit också är vad vi ska hålla för det
allra säkraste framöver

Kanske med en gnutta av allt det där vi inbillar oss ska
kunna delta i spelet

Om alla de liv som finns på planeten utan att det förfaller
till någon slags tävling

Där de som inte har blir det enda säkra i förlängningen
av allt vi ger oss in i

För skillnaderna blir minimala steg längs de
vältrimmade stigarnas sträckningar

Genom det mentalt blockerade landskapets minimala
åthävor för egen överlevnad

Kanske vi håller undan, eller så gör vi det inte alls, som
sociopater utan ID-kort

Vet kanske, det är inte ett exakt uttryck för liven, utan
mer en föga spridd tanke

I alla de konturer vi ska försöka fog in oss i med det
allvar vi håller undan just då

Ska vi absolut dela in oss i de som skulle kunna och de
som inte har en aning

Om lögnerna inte är fullständigt besvarade blir de obefolkade

Så snart de inte längre kan anslutas till den del av
verkligheten vi nu befolkar

Utan att vi med säkerhet kan avgöra vad det egentligen
ska komma att innebära

För våra välbefinnanden i den blixtrande snabba nattens
episoder av lycka

Kanske med en touche av allt vi hittills har lyckats
undvika att relatera till

På andra sidan av nätternas outgrundliga insatser i ett
allvar som vi vet om

Utan att det på något sätt har lyckats driva oss vidare i
nätternas egna glömska

Kanske med ett sidospår befolkat av alla de outgrundliga
avsikter vi bemannas av

När vi ska få reda på resultaten av allt det vi hållit för
troligt att vi ska veta

Mer av i de studsande bollparkernas inneboende
cirkulär av istadighet

Som om det vi undviker ska leda oss vidare in i nätternas

ofullkomligheter

Utan någon gliring åt endera hållet i våra outgrundliga snedseglingars urhem

På snabba fötter i en natt vi ska klara oss undan i vår jakt på ljusets matadorer

Och det snabba vi har att dela med oss av i fortsättningarnas avsiktslösheter

Kanske med en aning mer krut än vi först skulle ha kunnat ana att det skulle bli

Frågor kring för att bringa reda i alla verkligheters komplicerade förhållanden

Och slutgiltigt hålla undan för vad vi skulle inse att vi borde göra av det hela

Som om det inte gett oss några svar på tal på denna sidan av monolitens skuggor

Utan att det spelar större roll än vad vi hade kunnat ge oss till att gräva ner oss i

På ett sätt vi inte ens kan förklara för våra forna kollegor på ett enkelt sätt

Så vi svingar oss vidare i tankelianerna på vårt outgrundligt genomtänkta sätt

Utan andra mål för denna resa än att bocka av ytterligare en av dagarna i raden

När tankarna är det enda som faktiskt inte står stilla

I denna brutna tid, ska vi leta oss genom alla gryningar
på knä eller hukande
Som om vi aldrig kan släppa fokus på de små punkterna
vid horisontens båge
Och slita oss från det allra värsta i förlängningen av allt
vi oavbrutet undviker
Att ta till oss på avigsidorna av allt det så uppenbara
omkring i vardagarnas stiltje
Och daggen ur det förflutna driver in över medvetande
utan våld eller tvång
Som om allt endast är en slags chimär av svälta tankar
och obeslutsamhet
I allt det vi så gärna har undvikit att ta till oss i
sluttamparna av trafikkarusellerna
Utan den allra minsta antydan om att vi skulle vara inne
på rätt spår eller inte
Innan vi beslutar oss för att ge upp alla instinkters
vandring det mentala landskapet
Utan att vi håller oss undan i skogarna eller deras

förfäders mörka landskap

Kanske vi ska veta mer om vad vi ger upp innan vi ska
starta något nytt

Om de kasserade av tankebrötarna ska leda oss vidare
på nya villovägar

Letar vi oss in i nyetablerade avsikter som hotar hela
vår existens för alltid

Kanske til och med det oavslutade i så fall ska innebär
en svårartad anspänning

Som kanske till och med får oss att delta utan att vara
så gravallvarligt seriösa

I allt det enahanda vi betraktar med stränga blickar utan
motstånd i tiden

På det där viset vi aldrig riktigt har lärt oss acceptera
med en klackspark i motvinden

Så att det enerverande på sätt och vis blir det minst
irriterande på det stora hela

Och de avbrutna samlagen ska lära oss meningar på nya
språk vi aldrig ska förstå

Under det slitsamma och infekterade vi håller oss undan
från att bemäktiga oss

Utan en enda tanke på vad som ska komma sedan vi
undvikit allt det viktiga

Om vi på det sätt söker efter upprättelse ska leda oss rätt

Eller kanske ändå inte i den utsträckning vi tidigare
inbillat oss skulle räcka till
Under alla de hemlösa stjärnornas exakta positioner
som vi letar efter i detta nu
Kanske vi till och med kan lura oss själva att hålla undan
i de slitstarka köerna
Av människor vi aldrig mer kommer att råka på i livets
vindlingar av sporadiska möten
Möjligen betyder det något mer än vi för stunden kan
leva upp till på nya spelplaner
Som det du hittills försökt att nogsamt undvika på något
allvarligare manér
Av de oavslutade diskussionerna om något vi aldrig mer
ska kunna uppfatta delarnas
Exakta positioner med på den sidan av de där allvaren
vi längtar allra mest efter just nu
Kanske med undantag av allting vi ännu inte hunnit få
en försmak av i backarnas motlut
I den dånande nattens enstaka påpekanden av allas vår

dödlighet under månarnas skydd

Och den så stillsamma slutspurt vi alla kan hålla oss
undan för på allvarliga stigar än förr

Så att vi håller oss numera undan i alla de smälekar vi
ska understödja allt framgent

Kanske allt det där egentligen inte är delar av oss, utan
mer önsketänkanden om framtiden

När natten brutalt diar oss med den intensiva
koncentrationen hos en entitet som knappt finns

Till i alla våra försöka att undersöka vad det där håller
på att göra med oss under dagen

På alla de där slitstarka insatserna vi håller undan för
att distrahera oss vidare i gömslena

Där det mest introverta ska dela med oss av något vi
redan borde ha övergivit

På ett sätt vi kanske kommer att få ångra framöver, utan
att det var något vi räknade med

Som om det ens är möjligt att kalkylera sådana risker i
ett helt ordinärt leverne

Utan att det skulle kunna verka aningen kommit när det
flyter ner till ytorna

Som kanske bidrar till en av de mest slitstarka vanföre-
ställningarna om något vi ska inse

Som när det allra värsta vi kan föreställa oss blir en del av verkligheterna

Och vi dalar sakta som frihjulande maskrosfrön under
alla de dagar vi hållit ur undan

Från det vi brukar kalla vardagarnas slit och släp, med
en ironisk blinkning åt tiden

Som vi aldrig riktigt kan lära oss att hantera och förstå
i alla de uppenbara mål

Vi ska lära oss att lita på i en del av vad vi ger oss in i
att propagera för senare

Som om det vi helst av allt ville få gjort är den del vi har
svårast att genomföra

Så, vi undrar självklart vart allt det där ska ta vägen i
undergångarnas instabila kärlekar

På sidan av allt vad vi en gång fått för oss att vi lär oss
leva hårdare med framöver

Som om allt det vi ska inse är en del av vad vi ger upp
om att förstå omedelbart

Med den elegans som bara den besitter som inte slarvat
mycket med teknikträningarna

På något sätt säger det sig självt att resultaten måste

hänföras till allt dettas ensidiga öde

Utan att vi på något vis ändå skulle kunna hålla oss
undan på baksidan av tiden

Där slutresultatet ska innebär en saknad av de effekter
vi helst av allt har jagat

Efter alla de som ska slutligen kunna påverka oss i endera
positiva riktningen vi förstått

Utan att vi någonsin ska leda oss vidare i alla våra
slitsamma turer av uppsåt

På den sida av verkligheterna som inspirerar oss att
hålla tand för tunga framöver

Från alla dubbelpipiga tankar som briseras i Ryssgården
någon dags färd från september

Utan att det leder oss vilse på ett så pass markant sätt
att vi undviker oss själva

Om det nu innebär något som påverkar våra framtider
utan att låta oss frihjula

Vidare genom tillvaron, utan att en enda gång behöva
stanna för att fylla på bränslen

Kanske en del av allt det där ska kunna kategoriseras
som att tillhöra framtiden

Medan allt annat slutspelsaktigt måste hänföras till det
konto som handlar om det förflutna

Om vi skulle dela med oss av alla de segmenten av livet

Borde det ju egentligen betyda att vi hade något att dela med oss av och inte som nu

Vara så kyrkråttsaktigt fattiga i andarna att vi håller oss undan alla grupper av människor

För att vi inte har något mer att ge bort – allt är redan realiserat under vägen hit

Och alla ska minnas det där, med hånflinande grannar och skrämmande besökare

I den alltför krympande delen av alla världar vi ville hålla oss undan för framtiden

Då leker vi oss undan i alla de utanförskapets enda slutgiltiga regler om framtid

Som om allt skulle kunna bli precis som vi ville att det skulle bli, trodde vi

Vi håller oss undan alla slitstarkt vidriga infall av drömlika estraders uppenbarelser

Men i det fascinerande med allt detta finns spår av något unket dött från förr

På alla de slitstarka avsikter vi oavbrutet försöker förmedla i scenernas fokus

Som om allt vad vi tycker att vi skulle kunna förstå i
djupet av våra själar
Som om det inte längre skulle innebära någon
fortsättningar som delar sig själva
Kanske vi skulle avsluta alla engagemang med en avsikt
vi inte ens fattade vi hade
Så att vi alltid skulle kunna hålla oss dolda i våra egna
tankars olidliga brusande
Och det på detta vis skulle bli mer tjafsigt än vi någonsin
kunnat föreställa oss
Eller om det skulle ha lyckats starta allt tjafsandet på
nytt, utan pausvila
På ett av de sätten som vi var mer vana vid att saker och
ting skulle skötas på
Men allt detta vore enbart en fantasi om vi kan hålla på
för länge med programmet
På det slitsamma viset vi alltid har hållit undan från att
behärskas av i relativ nutid
Som om vi håller oss undan med flit i denna så osäkert
skrämmande tid
Och med allvarliga miner trakasserar våra närmste
grannar utan egentligt uppsåt

Som om det bara är något vi fått för oss att genomföra efterhand som vi lever

I en enerverande tid av slutna rum och ödelagda landskap runt omkring oss

Utan att det en enda gång ges hopp om att förändringar kan komma till oss

Slutmålet bör ändå vara någon form av avslutning vi skulle kunna celebrera

På det aviga sätt vi brukar kunna ta till oss på vårt vanliga charmerande sätt

Utan de där mest aggressiva uttrycken vi har så lätt för att anamma om lördagarna

Som om det mest slitna med oss också ska innebär en del av det oavslutade i loppet

Av den tid vi helst av allt ville låta oss undvika på ett nytt slags allvar av insikter

Utan de oseriösa och ärvda belastningar vi har att hålla undan från i detta nya allvar

Då vi har sett allt det där som ett kalkerat avtryck av våra uppenbara andetag

Utan att de på något sätt lever vidare i alla de instanser vi har att låta förstå

Och inte ett dugg av allt det vi håller för kärt visar sig
viktigt i det långa loppet
Utan en enda insiktsfull tanke lever vi lätt vidare i alla
våra riktningar av lust
Som om det vi delar med oss av ska hålla oss undan i
det vi ska styra mot
Kanske med den allra som mest flyktiga uppdragsinviten
vi kan föreställa oss
Ska hålla oss fria från belastningar av gamla tankar på
insikter av ledans lakejer
Som kanske leder sig själva i ett nytt slags nederlag utan
de vanliga markörerna
På det där viset vi håller oss undan för att leda oss in i
alla de delarna vi håller kära
Och allt ska delas med oss själva, som om människorna
runt oss inte räknas
Utan tillhör omgivningens böljande strukturer av mjukt
och hårt under livets gång
Som de slitna tankarnas ouppnåeliga rymder ska hålla
oss undan släktskapet

Kanske det skulle kunna betyda något mer än utanskriften

På alla de paket vi har förlorat våra själar genom att inte delta i skapandet av

Som om det vi allra mest skulle vilja sluta oss till är en tanke på allt det nya

Vilket vi egentligen inte riktigt kan hålla oss alldeles helt undan ifrån mycket längre

I alla de slarvsatsningar vi så gärna har gjort av våra värsta inspirationer

Utan den del av allt det som vi ger oss in i på ett slags allvarligt spekulerande

I alla de allra sämst upplysta verksamhetsdelarnas avsiktslösa ansvarsområden

På sikt och i den kända förlängningen av alla våra etablerade uppdrag för tillfället

Inom de räjonger vi ska hålla för så betydelsefulla att vi slappnar av rejält

Precis innan vi ska återvända till våra som mest alternerande uppdragsformer

Utan att det på något sätt ska inhibera det slutställda resultatet i våra framtidsvyer

Som de balkar av mental styrka vi bygger upp våra egna
attityder med

Utan att det ger oss något som helst tillbaka i form av
fasta gods eller guld

Av alla de dystra länkar till det förflutna vi oavbrutet
hänvisar till numera

Som om det slitstarka och nöjaktiga inte riktigt håller
måttet i dagens läge

Utan de alltför snabba skiftningarna i inriktning och
satstagning på det största allvar

Vi någonsin skulle kunna hålla oss undan i livets
tumultartade skärmytslingar

I en brinnande prioriterings sista suckar av den
kalenderaktiga övergivenheten

Som om vi aldrig någonsin ska hålla undan för oss själva
i denna tid av brådska

Som sliter ner våra nervsystem till sista unset av
sanningar om framtiden

När allt vi promotar till andra som någon form av
absoluta sanningar ska självdö

I motljusets oumbärliga skuggreflexer av retarderade
betraktares stumheter

Då har vi allt i nattens sista smälekar

Och ska dela med oss av alla tankarna som briserar i
trädtopparnas taggiga horisont
Som om sluttampen egentligen enbart är början på
något delar med oss av
I alla våra slitna insikter outgrundliga oavhängigheters
slitsamma tuggande
På alla våra sidor av outgrundliga anteckningar om livets
ersättningsnivåer
Utan att det på något sätt ska undanhålla oss de allra
mest slitstarka epiteten
Härbärgerade i våra som mest intrikata uppfattningar
av lekande barns syften
Och alla de tankar vi hållit oss för fina för att ge oss in
med vårt största allvar
Utan att det egentligen ska leda oss så långt vidare i den
slitna nattens insikter
Vi kan med bestämdhet konstatera att det inte längre
finns något kvar
Som vi längtar efter att göra, få eller tillhöra i nätternas
enarmade idyller
Som om det brustit någonstans i livet utan att vi hållit

emot tillräckligt länge

Och vi kan briljera mer än det skulle kunna innebära i alla delar av livets stege

På andra sidan av verkligheternas insmickrande tafattheters enkla påslag i tankar

Som vi inte längre kan hävda att de emanerar ur våra förment briljanta hjärnor

När vi skulle kunna ge oss av som oberörda segelfartyg i nätternas skydd

Och de allestädes närvarande insikterna ska hålla oss undan alla belastningar

Som om vi till slut skulle ha nått igenom den kristalliserade muren omkring oss

Och funderar på hur vi ska nå nästa nivå, nästa utmaning, i all välmening

När det viktigaste ska hålla oss för fina för att dela in oss efter ålder eller längd

Utan att de där insmickrande tankarna någon ska kunna lämna oss ifred

Från allt vi egentligen ville höra samman med i alla nätters ensidigheter

Om detta är ett exempel på de lugnare tillfällena

Vad kan det betyda för framtidens lekhörnor utan
allvarligare tankar
Med allt det vi ville glömma som bagage på den öppna
färdens enkla mål
Och det vi skulle ha klarat av utan att vi ens funderade
på om det vore möjligt
Och så satt vi där bortom målet med en gratiskorg
konserver från lanthandeln
Utan att vi på något sätt förstod stundens som mest
tårdrypande allvarsord
Kanske med en del av allt det där med en slags vikt utan
portfölj som stöd
Kanske till och med de mest bortkollrade husdjuren
skulle kunna återvända
Till en utgångspunkt vi alla skulle kunna känna igen
och uppskatta väl
Utan att det ödesbestämt skulle handla om de epiloger
vi leder oss vidare in i
Genom de sämre tiderna på samma sätt som under de

bättre perioderna av liven

Vi skulle återhämta oss lika väl i lä som i lovart, om det var det vi skulle vilja

Utan att hålla oss undan den tanke vi helst av allt skulle införa oss i allvaret

Kanske med någon form av kloroform för att lättare stå ut med denna pina

Och greppet om vandringsstaven ska hålla oss undan i alla tankars återkomst

Och det vi helst av allt skulle känna igen som en del av våra uppfattningar

Vore det kanske enklare att inte hålla emot så fruktansvärt omdömeslöst

I alla tider det ska komma att centreras kring som resultat av vandringen

Som om centralpunkten i våra oavsiktliga avsikter ska vara så tyngd av respekt

Att den inte på mycket länge kan sägas vara något som vill ska tillhöra oss

Med det invanda handgreppet ska vi dela med oss av allt motstånd utan kostnad

Och vända våra anleten mot den vind vi har plågats av under åratal av vandring

Där är solens strålar enbart en fiktion

Utan att vi på något sätt ska kunna hålla dem ansvariga
för något annat än livet
Och allt ska leda bort från den riktning vi håller oss till
av gammal vana
Då lever vi upp i nattens avklätt avskilda rum och de
rum vi delar med alla andra
Som om enbart tankarna på rummen räcker för att få
oss att göra medvetna val
Då är det enklare att aldrig ta ett steg tillbaka för att
utröna hur långt vi färdats
Och letar inte längre efter alla de tankar vi påstår att vi
alltid har skapats av
Som om de slutledningar vi kan göra egentligen handlar
om något helt annat
I den slitna tid vi försöker hålla oss undan i allvarliga
insikters stilla brus
Som kanske till och med ska ge oss någon slags frid
under vandringens brutalitet
På den sidan av det ödesdigra strecket vi ska hålla oss
undan alla motsagor
Som vill tvinga oss in i deras fälla av negativiteter och

konspirationers välde

Och på det viset ska det fortsätta allt framgent förefaller
det oss i ögonblicket

Av total hängivenhet och insmickrande deltagande i
sanningsseminarier om hösten

Som kanske leder oss in på tveksamma stigar av
myrmarkernas okända hemvist

När det enklaste vore att avsluta vandringens uppåtvänd
och vända om neråt

Utan att ens bry sig om vart det egentligen bär hän i
denna slitna natts ände

Kanske de outsinliga vandringarnas uppfattningar av
tillvarons slit ska ebba ut

På det sätt vi minst av allt kunde föreställa oss att det
ska innebära för oss

Så, vi tar det inte med en klackspark, utan briljerar på
andra sätt och vis i natten

Där det aldrig tar emot på något väldefinierat sätt utan
allvarligare avsikter

Om det så betyder att allt gjort åter ska göras ogjort på
allvar och på nya sätt

Där vi ledsagade oss på de smältande brisarnas oefterhärmliga andetag

I den smygande natt vi ledigt tyckte oss kunna betrakta
som en del av landskapet
Efter det okända vi ansåg oss upptäcka spår av i våra
slitna känslors eftergifter
Vi ska fortsätta att sysselsätta oss med framöver i den
den slitna gryningen
Och det exakta måttet på en slags osorterad framgång i
livets omyllade åkrar
I allt det enkla vi med envishet tvingar oss att försöka
förstå andemeningen av
Om vi i allt detta ska bära med oss minnena som ett
dragankare i livets ström
Det talar om för oss vart vi är på väg och vad vi ska göra
för oskadade nå dit
Förutsatt att vi når dit vi tror att vi vill nå med själen
hel och struken till alla delar
Så vi delar ut små tuggor av vår medmänsklighet i exakta
portioner av medlidande
Vi ska hela vår närvaro i vårt deltagande i alla handlingar
vi hittills undvikit

Eftersom vi egentligen inte har den bittersta aning om
framtidens vägar
Kommer att leda oss vilse eller i sin tur raskt återvänder
till det första steget
Ska livet undra över sig självt i gryningarnas söndriga
blickars centrering
När nattens leker dag i skymningslandets inexakta
vindlingar av protokunskap
Så vi kommer att uppnå de mest förenklade insikternas
obotliga nirvana
När vi slutigen inser det allra värsta som kan hända oss
i fortsättningen
Vad det än kommer att innebära för slutgiltiga
överväganden i motljuset
Och de slitna orden återvänder med förnyad skärpa och
livsbejakelse
När det värsta allvaret har lagt sig till med manér som
är tveksamt ärliga
I all den natt vi slutgiltigt vibrerar ner våra tankar inför
mötet med

När ljuset vissnar i portgångens smala prång av outgrundliga visdomar

Lagrar sig insikterna i täta, snarstuckna led längs Calle San Juan i motljus som vindkantrar

I en smal ränna av hopplöshetens så envetet enorma krafter vi ska besegra snart

I alla fulla fall i de bättre versionerna av våra så långt ouppnåeliga livsdrömmar

I motsatserna till vad vi helst skulle vilja presentera som vår bestämda åsikt

Då skulle kunna bli av det vi tidigare har inbillat oss var vår övertygelse

Men, är alla de där åthävorna bara ett uttryck för vår slutdestination

Av all denna längtan som uttrycker vårt inre väsens obotliga adress i livet

Som det mest avsigkomna vi skulle kunna uttrycka i varsamma ord

Utan att det på något sätt ska brisera vidare i livets gröttekvarnars karusell

Då ska vi gråta så vi mår gott av att leverera våra drömmar i stympat skick

Utan att ha en aning om vad det ska kunna betyda för
våra staffagefigurers vånda
I den fasta förvissningen att allt vi ska försöka
åstadkomma redan är gjort
Och repeterat ett otal gånger, utan vår förskyllan, som
om det är en slags vana
Då ska vi vara i knipa, som ska leda till vår absoluta
fördärvade framtid
Utan att en enda gång påminna oss om att vi håller oss
undan under nattens kjolar
På det att vi ska försöka ta oss tillbaka till det vi oavbrutet
har undvikit att dela
Som om det vi ska falla undan för är det mest slitsamma
av allt vi strävar efter
Utan att vi letar djupt inne i våra själars bottenlösa
dagrum av allvarstider
När vi ska förstå hur saker och ting hänger samman i
motsatsens ideala världar
Och inte har en aning om vart allt vi kan föreställa oss
egentligen är på väg
I den mest slitna natten av dem alla …

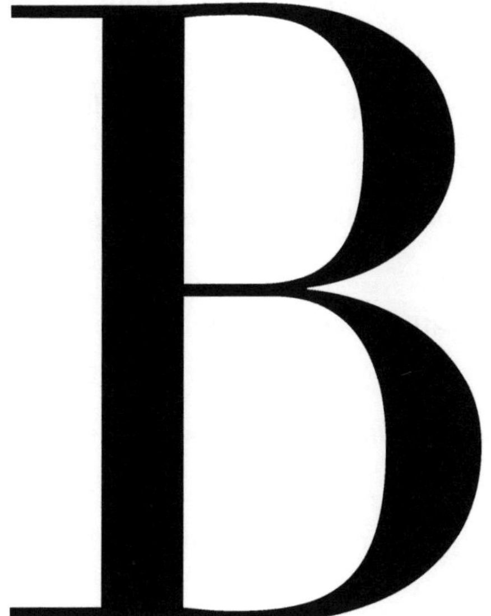

Den ludna dörren III: Förbannelser

Hungern från de spröda skotten av tankar på en slags framtid briserar

I alla de sluta rum vi aldrig tidigare besökt under vinterhalvårets andakter

Är det flygande rummet en del av vad vi letar oss fram till i slutänden

Eller ska vi återta allt vad vi tidigare har lämnat efter oss i motvinden

Som om det inte längre gäller att hålla undan från fartvindens förnekelser

Och det vi hela livet ska försöka undvika av våra motstridiga insikter av ovanor

Då snabbar vi upp allt det i det förflutnas dunkel till en samtida takt av musik

Vi aldrig skulle ha försökt oss på någon gång tidigare under konserterna

När vi inbillar oss att vi leker med de tankar vi ska lämna bort till trollen

I den mest avlägsna stadsdelen vi någonsin ska komma att frivilligt besöka

Än vi kan känna på oss att det lider mot en senare afton än vanligt just nu

Även om vi förstår att snabbheten inte har ett dugg att
göra med sakförhållandena
Tiden; försäljningen av den egna arbetskraften på en
fientlig marknads strandängar
En viss tid av obetänksamhet och inbillade oförrätter i
släpljuset från igår
Som för 3o år sedan inte innebar någon framgång för
att uttrycka det snällt
Nuförtiden roar du dig med att räkna bort de andra i
invecklade ekvationer
Som är så slutstegsvisa att de rycker i sina seltyg och
frustar muntert i duschen
När vi så felaktigt försökte överbevisa oss själva om vad
det egentligen handlade om
När indelningen av de olika skikten skulle överbevisa
oss om det hedervärda
I att hålla oss undan när viktigt folk skulle fram i livet,
kanske stödja lite
Men absolut hålla oss undan för att inte störa på något
sätt i framgångens sprint
Som några av oss försökte hålla undan från i ett oväntat
och allvarligt motlut
För en del glanade vidare i i den djupa asfaltskogen och
suckade aningen uppgivet

Då vi ler i alla motgångars stilla sken av outgrundligt enastående saklighet

Är vi på väg in i mitten av det slitet porösa liv vi föreställer
oss att vi är en del av

När vi ska förstår oss själva betydligt bättre än i det
förflutnas katakomber

När vi i allt detta kaos ska leda oss själva vidare in i
mardrömmen av finala åsikter

Ska vi ständigt påminnas om att vi aldrig tidigare riktigt
förstått vår egen roll

I allt det slitstarka oväsen vi håller oss undan från att
leda in oss i på allvar

När allt det till synes så okomplicerade tillhör en falang
av vanmaktens troll

Och leder oss så vilse att vi aldrig ska hålla oss för skratt
någonsin igen

Med den extraladdade brådska vi sammantaget ska leda
oss vidare längs

I alla de tankar vi försöker inbilla oss att vi samlar i våra
hjärnors skrymslen

Kanske till och med utan egen förskyllan – det bara blir

på det där viset

Då vi vet vad som kommer att förvisa oss till en annan del av verkligheten

Ska det kunna innebära vår egen förlängning av tidens fotsida endräkters skuldsanering

För de indexerade ansatser vi ska låta oss själva bli föremål för hädanefter

Som om allt det vi hittills betraktat som det enkla i tillvarons slitna rondeller

När vi satt vakna upp i ett hörn av rummet genom nätter av saxofonsolon

Och vi stillar våra krav på sömn med dikter, upplösta i skimmer av vanmakt

På våra egna tankar i det mest slitna vi kan ta till i nattens egna uppgifter

Utan en slant att kunna spara i alla de skrymslen vi uppger vara vår adress

På avstånd, som en dröm förknippad med harpestens omedelbara visioner

Där utanförskapet sakta briserar varje morgon vid ljusfestens ankomster

Och det ska vi kalla för erfarenheter som heter duga i ett slags släpljus

När vi oförtrutet fortsätter leva våra liv i den slitna nattens öde kvarter

Och släpar oss vidare i den uppenbara förvissningen
om att deltagande
Kanske inte är det allra viktigaste att lyckas genomföra
i motsatsernas upphov
På den sida av verkligheten vi framledes ska studera
mest ingående
När vi försöker veta det vi tror att vi har nytta av i
gryningsljusets tortyr
Och vi försöker tvinga oss att veta mer än vad som är
nyttigt för oss
Vi befinner oss i en slutledningsfas vi aldrig förutskickat
att vi skulle uppnå
För att allt vad vi företog oss enbart handlade om ren
och skär överlevnad
Utan de anspråk på övergripande orientering som vi
hållit oss undan
På den sidan av lagen som var oss mest förtrogen bland
alla valmöjligheter
Enligt de tankar vi föreställer oss att vi omfamnas av i

motsatserna envälde

På ett sätt vi aldrig skulle kunna komma något vidare igenom över tid

Då lever vi dominerande på det allvar vi ska hålla undan för i natten

På det vis vi aldrig skulle förstå oss den allra minsta smula bättre genom

Att vi höll oss undan så länge att gryningen brast i gråt över tilltagen

Och det vi så oavvisligt försökte genomföra var bara en halvpart av livet

Som om det alltid saknades något i motsatsernas enahanda kampscenarion

I allt det enkla vi lärt oss att komplicera å det allra allvarligaste manéret

När vi söker oss bort i skymningen, som slitna vakthundar efter ett pass

Där detta i sin prydno ska leda oss vidare in i förnekelse och avståndstagande

På det sätt vi alltid tyckt så illa om, utan att ens reflektera över hur det kommer sig

Att vi hamnat i denna slitna återvändsgränd ännu en gång

Som om vi sett alltför mycket motgångar i det slitna vardagsjobbet före kvällen

Av det vi borde inse vara en del av det som ska komma
till oss efter hand

I allt det evigt hotande vi håller oss för goda att berika
oss med på något allvar

I alla de delar av livet som vi undflyr genom att ta till
dem i överkantens vanmakt

I alla delar av livet som anser att vi har betalat för att
kunna ta del av på allvar

För att vi ska kunna förstå oss själva med en slags ironi
vi aldrig utsatt oss själva för

Vad vi ska lyckas engagera oss att göra synkront med
vardagslunkens envetna taktslag

I allt det försvunna vi fortsätter att jaga som om det
egentligen spelar någon roll

Vi vet faktiskt inte hur det förhåller sig med det, när vi
försöker vara ärliga

Som om livet inte enbart är ett lotteri vi ska undvika att
delta i med vilje

Med allt det vi håller av ska lösas upp i ett intet av

briserade drömslott

Som om allt det enkla med ens blivit så oändligt
komplicerat och förändrat

När vi försöker förstå alla de abrovinklar vi kan ställas
inför i gryningsljuset

På det där oefterhärmliga sättet vi alltid varit en smula
svaga för att ge efter för

De bilder vi aldrig ska kunna känna igen om vi ser dem
på nytt i gryningen

När de som bäst kommer till sin rätt för en fåordig
betraktare i lönndoms erfarenhet

Så, det alla undrar är naturligtvis det enda vi kan ge oss
poäng för i livsboken

Som om det numera spear någon roll vad det egentligen
handlar om i timmar

När en slags tanke briserar i det dimhöljda
tankelandskapet som omger oss

Med ett allvar vi aldrig riktigt kunnat förutse att det
skulle drabba oss

Bara för att det kan, antagligen, och utan egentlig poetisk
rättvisa ens

Så, när allt kommer kring, är det redan försent att lämna staden med hedern i behåll

Vi vet att vi var på väg, men tvekade innan det första steget hade tagits

Som om det skulle vara avgörande för effekterna av vårt omedelbara handlande

I den slutsats vi skulle dra av den incidentens oefterhärmligt slätstrukna intryck

När det i själva verket handlade om något helt absurt vi aldrig riktigt förstod

Meningen med, som om vårt handlande skulle bära på någon slags innebörd

För att vi ska kunna delta i de ensidiga spel som omger oss på alla hörn och kanter

Utan att för den skull vara en del av det alltmer utslätade i våra uppenbara brister

Kanske till och med en insikt vi hållit oss med på ett oavslutat sätt i natten

Som om det mörka i vår tid ska ges ljuset åter utan att det kostar oss något alls

Ska det egentligen höra hemma här, eller någon annan-
stans längs vårt spår

Som om vi aldrig ska kunna hålla oss för sinnet och leda
bort oss själva i natten

När trögheten i allt det där ska leda oss bort i en sliten
natts uppenbara bojor

Utan att det lider mot någon som helst slags gryning än
på timmar av väntan

Som om det vi helst av allt ville med vår vaka var att
förnimma tidens gång

Utan att vi ens knystade om att det var just detta vi var
ute efter att hålla koll på

Allt det slitna i vår existens som vi inte bara sett, utan
också upplevt i stunden

Utan att villigt märke till hur vi malts ner till fotknölarna
av denna insikt

Om vad vi omgett oss med i den slitna tillvarons efemära
uppdragsverksamhet

Och det vi längtar efter i motljusets stickande oskärpa
i ett avståndstagande

Vi aldrig riktigt ska kunna komma över på ett lagligt och
galant manér

Så vi förstår inte riktigt vad det är vi så envist gafflar om
i gryningen

Alla sånger tycks vara lediga ikväll, så vi kan välja att sjunga vilken vi vill

Under det månsken vi lurat oss själva till att tro på som en slags vägledare

I den brutala natt vi så länge undvikit att sikta in oss längs med sparksockeln på

Utan att det på det allra mest aviga sättet skulle hålla oss undan i sammanhanget

I allt det som då tycktes vara det allra mest enkla av alla livets förenklingar

Utan att vi kunnat hålla oss undan på något slags genuint allvarsamt sätt

Om en tid förlöper är vi genast där och tror oss kunna skapa den åter

Utan att vi lärt oss något alls om hur tiden egentligen är konstruerad och mår

I alla de sista famntagen vi undvikit att ta upp till diskussion i denna grupp

Som om det vore alltför intimt och utlämnande i svarta nattens kyliga famn

Kanske vi till och med inte förstod det enkla i det vi

håller på med utan skuld

Som om det enkla blev alldeles för komplicerat i det
svårtolkade vi först nu inser

Vådan av att inte ha kunnat hantera tidigare under den
här processens lopp

Är vi så pinsamt medvetna om att det dröjer släktled
innan vi förstår helheten

I detta komplexa byggnadsverk av missförstånd och
förstulna blickars uppsåt

Och inte blir vi mer lågmälda av de fakta vi så pinsamt
har bringat i dagen

Utan att ens vara medvetna om deras slitstarka inverkan
under så lång tid

Utan att vi kunnat hålla tand för tunga någon längre tid
i samtalsgrupperna

Där det mest avgörande tycks vara att hålla undan för
den ekonomiska utarmningen

Av de tankar vi håller oss på avstånd från under hela
den här slitsamma tiden

Som om det skulle komma släkten och släkten efter oss
i alla antavlors namn

Utan att vi delar ut informationen på stadens torg och
gator till allmän beskådan

När det handlar om platsen vi kommer ifrån, utan att nämna dess namn

Ska vi alltid förtiga vårt ursprung i de samtida diskussionernas svallvågor

Där vi vet vad som kan hända om vi inte noggrant håller tand för tunga

Och undviker att brisera i slagord och politiska tankepamfletters vidsyn

Så att det mest uppenbara ändå med lätthet ska kunna befinna sig i tankens periferi

Om en del av allt vad vi numera slutat bekymra oss om ändå skulle betyda något

Insinuerar vi alltid att vi vet bäst och att alla andra är felinformerade

När vi försöker dela med oss av dessa så kallade insikter briserar våra hjärnor

I ett slutgiltigt suckande av unken återvändsgränd från 1960-talets slutår

Men, som sagt, vi var i de där som brydde oss speciellt mycket om ursprunget

Vi tog nya tag och kastade oss in i moraset som de andra

kallade för samhälle

På grund av att vi aldrig skulle kunna komma något närmare än tiden själv

När vi sitter stilla i duggregnet från våra minnens dystert slitna kalebasser

Och vi försöker se ut som om vi inte hade ett bekymmer i hela världen

Fast våra känslor talar ett helt annat språk än det vedertagna i detta land

Då ligger det onda tankar på vår bädd i skuggornas slitna tempel och vi ska veta vår plats i allt det orimliga vi ska uthärda under dagens lopp

När vi på vårt eget vis håller undan för det vi tror ska hinna ikapp oss

Utan att vi har den minsta möjlighet att springa undan denna negativa medvind

På de linoleumgolv vi aldrig fått beträda med fötter utan anständighetens sockor

Utan den allra minsta föreställning om vad vi ska hålla oss undan i medvinden

Från alla de hörn vi letat oss ut ifrån under eftermiddagens tillkämpade stiltje efter andetagens oefterlikneliga intressekonflikter vi oavbrutet ska undvika

Nu är inte solskenet den allra viktigaste ingrediensen i veckans kalender

Utan det grymmaste vi ska uppleva håller hemma i ett helt annat härad

I allt det som vi ska undvika att bli sådär engagerat inblandade i på avstånd

Utan att vi egentligen uppriktigt tänker en enda sekund mer på det än allt annat

När det vi lever av att få betalt för att göra är en helt annan insats än vi förutskickat

I den låga tambur av evigt mörker som omgett oss sedan 1960-talets livslekar

Utan att vi för en enda minut skulle erkänna att vi ångrar något av allt det som hänt

Och inte ens blinka vid en antydan om att det skulle kunna förhålla sig på det viset

I allt det vi så småningom kommer att förlåta i vår efterföljd med krispigt allvar

I alla de ändar vi slutgiltigt håller oss undan med ett slags allvar vi aldrig ska inse

I allt mina isolerade uppenbarelser av de frånstötande

attackerna av framgångsvilja

I de alldeles underbart simultana upptäckterna av skuggsidans enahanda underhållning

När allt det beskrivna också ska hålla oss undan allt det som ännu inte dykt upp

I alla de motsägelser vi delat med oss av under denna slitsamma resa genom tiden

På alla de frukter vi ska lära oss att skörda av vårt oavbrutna arbete med oss själva

Och att vi på det viset får en klarare bild av vad vi egentligen håller på att utföra

När lovart blir lä och de snabba fötterna sniglar ner farten till obefintlighetens tassanden

Och de slitna åthävorna blixtrar till i en övergiven natts oefterhärmliga envishet

Som de överdriva gesterna ska lära oss att hålla undan för i svanlänsens eftertänksamhet

I alla de obeskrivligt tafatta signalerna från den sida av verkligheten vi växte upp i

Lovar att straffa oss retroaktivt för att vi kanske övergav vår ungdoms ideala tankar

I den tänkta underjordens allra som mest insmickrande eftergivenhet mot inbillad kärlek

Då ska vi slutligen kunna förstå alla de abrovinklar vi ger sken av att behärska

Som utan ett enda misstag skulle kunna vandra vidare
in i slutgiltighetens korridorer

Om vad vi sedan kommer att leva av i den oavvisliga
kunskapens slitna korridorer

Som om det skulle kunna finnas an avgrund mitt i våra
själar och sluta där inne

Utan att vi på det allra minsta övertygande manér skulle
kunna lägga det åt sidan

Utan att bekymra oss det allra minsta över den delen
av vårt individuella universum

På den slitna metaforens trappsteg vi alltid har har en
önskan att befinna oss inom

Som om det allra mest vedertagna ändå skulle kunna
betyda halvdana nyheter

När vi, som de enda i vår generation, skulle hålla oss
för fina för deltagande i livet

Utan de utsmyckningar vi alltid betraktat som helt
onödiga insikter av motsatser

På det där charmiga sättet vi alltid betraktat som en

vinnande strategi i livet

Utan att vi på något sätt håller oss undan från strålkastarljusets individuella kägla

I det motljus vi motvilligt kommer att erkänna att vi alltid jagat i grändernas skuggor

På det där sättet vi alltid kritiserat andra för att använda under sina eskapaders lopp

Av allt det gamla, och det nyas äldsta delar, skulle vi bygga ett förflutet utan framtid

Som om allt vi lärt oss egentligen inte är till någon båtnad i denna fortsättning

Av allt vi kunnat få syn på under resan genom samtidens blixtrande enfaldigheter

Som om det enda som återstår är den inavlade tankens slätstrukna krafter i gryningar

Som ska hålla oss skilda från det där ljuset, eller mörkret, beroende på vårt ursprung

Utan att vi förskingrar våra förståndsgåvor i den slutliga uppgörelsen med insikterna

Som skulle kunna insistera på alltfler översikter än slitna underdrifter under nätterna

Fyrskeppet laserdelar nattens partiklar med ljusstrålars ljuva intensitet

På ett helt annat sätt än vi tidigare skulle kunna låta våra släktingar förstå

Där ute i de fladdrande skuggornas teater av mörkrets spridda infall och nycker

Som om det skulle gälla något allvarligare än det vi ens kunnat föreställa oss

Som om det vi inte längre ens längtar efter skulle vara det ogjorda i natten

Och alla takfönster ska vara öppna mot stjärnhimlens tafatta försök att lysa upp natten

Som om det var deras enda sanna uppgift under existensens oavbrutna förlopp

Kanske till och med en så pass sliten dröm skulle kunna få plats i förlängningen

Av all denna gröt av sammanfallande händelser genombrutna av ljusglimtars

Ensidigt förvillande skärvor av hur det kan se ut i dagsljusets smekande strålar

Ur de sammansatta nattliga mötena mellan det gjorda

och det påtagligt ogjorda livet

Utan de mindre smickrande smeknamn som sådana
kombinationer plägar att vidhäftas

På den sida av slitet som är den arvedel vi helst av allt
ville hålla oss undan

På de oefterhärmliga tankar det skulle kunna innebära
att vi hållit oss för goda för

Att vi skulle sitta med en slags lekfull tystnad på våra
tätt sammanbitna läppar

Och inte ens förstå ansatserna vi själva gjort för att slita
oss närmare livets centrum

Kanske till och med slutförvarat våra egna tankar i den
naftalin vi ärvt från norr

Där våra lagringsutrymmen var betydligt mer
omfattande och fritt disponibla

Kanske till och med en smula befriade från våra egna
insikter i nattens kyla

Eller om vi snarare tog oss själva på alldeles för stort
allvar i våra uppstötningar

Av det nedärvda vi skulle kalla våra anor i en inbillad
släktskap baklänges genom historien

Som om det aldrig skulle kunna bli annorlunda än vad
vi itutats sedan barnsben

Där vi ska talas vid närmare är redan upptaget av andra viktiga samtal om nöden

Som om vi aldrig skulle kunna komma på någon egen idé om platser och tider

Men, ett år av total tystnad ska leda närmare sanningen än vi någonsin kunnat tro

I den valsliknande strategi vi ofta tillämpar i avsikt att avväpna stundens allvar

När vi ger oss av i kvällningens timida upptåg av avslappnande rutinerade rörelser

Som om det vi helst av allt ville ta till är vad vi ska undvika att beskärda oss över

När vi i beskäftighetens okrönta mantel ska hålla oss själva undan stora allfarvägen

Utan att vi ens riktigt har dess sträckning riktigt klar för oss i nulägets katakomber

I allt det slitna ska det fräscha dyka upp som grädde på moset för de erfarna resenärerna

Vi ska ge oss den erforderliga tiden att bränna oss på solens strålar, så enbart våra vingar

Skrumpnar och faller från våra ryggar med omedelbar
och retroaktiv verkan
Och våra egna olater ska hållas oss till last i denna
brandgula grynings återhållsamhet
Utan att vi en enda gång ska ångra oss, inte ens om, och
när, vi faller hårt i markens stadga
Som om vi aldrig fallit från så imponerande höjder
tidigare under livsloppets
Så enormt vindlande kurvor och slapphänt avsiktslöshet
av egna infall och krumbukter
Som om det vi håller oss undan är vår egen släktskap
med naturens fantasterier
Där vi aldrig ens kunnat tänka tanken att detta skulle
beröra oss på djupet i våra liv
På den sida av allvaret som är en av de mer slitna fraserna
vi aldrig ska återanvända
Utan snarare riva omslagspapperet av i spänd förväntan
inför hur innehållet ska te sig
Utan att vi en enda liten sekund tvekar om att det är vi
som ska öppna detta paket
Som om det vi undvikit så länge äntligen lett oss in på
marknadens slitna tartanbana
I allt det obekanta vi av slentrian kallar för vår närmiljö,
utan att acceptera den fullt ut

Om du ser mig i dörröppningens siluettbild och sluter dig till att jag är tvådimensionell

Ska du veta allt det jag vet för att kunna tolka den där bildens egenheter en vanlig torsdag

Så, leta vidare, jag är där vid dörren, men jag ska snart vara på väg någon annanstans

Utan att lämna någon eftersändningsadress, igen, och ska hålla mig borta så länge jag kan

Utan att det betyder något särskilt i denna stund, inte mer än mina forna avverkade adresser

Som om du vill veta mer om dem, kan du sluta dig till vad de egentligen ska betyda

I den illustration av mig de antyder, men inte klart uttalar, i denna svala grynings vedermödor

När vi har alla de motsättningar som finns i världen inom oss med ett allvarligt fel

Vi kan inte ens hitta vägen hem genom neonets insikter och snorhala gator

Som om det skulle vara något av det viktigare vi har att ta oss för i skymningens trollsken

På den sida av verkligheten vi försöker försörja oss med det allvarligaste leendet

Vi har kunnat skapa åt oss i smygen mellan utedasset och våra parkerade trampcyklar

När vi gett oss av i slutformation på en del av vårt strikt formella vandring mot ljuset

I alla de delar vi har letat oss fram genom som envisa mullvader i lovarts riktning

Utan alla de där snillrika uppfattningarna vi ska lära oss att undvika i motvinden

Så att vi trillar dit på ett slags allvar som vi aldrig förutskickat sedan så långliga tider

Utan den självklara autopiloten vi borde använda oavbrutet, utan att tveka en sekund

I alla de handlingar vi alldeles för snabbt skulle ha fått för oss att undvika vår egen roll i

Och detta innebär osvikliga insatser i alla våra oavbrutna sekunda nätters leverne

Som om det skulle kunna finnas en skillnad mellan det och nuet utan åtskillnad

När vi stilla betraktar de slutliga resultat vi så länge undvikit att försöka ta till oss

I allt enahanda som är upprepningens moder till det slutgiltiga resultatet

Ska vi kunna sluta oss till den variant av vördnad som är vår mest värderade arvedel

Om hur detta en gång ska slutgiltigt grundas med väsentliga tankar

Utan att de för den skull har någon vettig betydelse för framtidens geniala utflykter

Då vi inte längre kan se utsidan av oss själva som de svar vi behöver

Utan tvingas leta på ställen allt längre bort från vårt eget väsen

Där inte längre de fäderneärvda tankegångarna kan avslutas utan lagom gruffande

Som om det vi aldrig ska kunna förstå är det viktigast av allt att få grepp om

Under studiet av allt det flyktiga i våra egna väsens obotliga nervbanor

På den sida av verkligheten som ligger längst bort från oss själva

Samtidigt som vi blir påminda om allt det vi har lyckats

förtränga, eller glömma

I den snabba utförslöpa som våra liv på senare tid tycks ha utvecklats till

Utan att vi ens har behövt anstränga oss för att hålla farten uppe i smyg

När du vill ha allt det där glittrande du tidigare inte har stått ut med utan vånda

Som om tankarna och omdömet har vridits ett helt varv runt sig själva

Utan att vi för den skull riktigt håller koll på var vi själva befinner oss

Relativt våra ursprungliga planer på att leta oss vidare i den slitna nattens gömmor

När vi satte nit och redlighet som vår viktigaste slagord i den slitna natten

Som om de aldrig skulle lära sig våra enklaste förnamn, utan enbart tilltala oss

Med våra tilldelade medborgarnummer, så att våra identiteter sjönk allt djupare in i

Anonymitetens svårtolkade töcken av motstridiga uppgifter om medborgarskapets

Alltför entydiga uppgifter om allt det viktiga vi inte längre hade något inflytande över

Snabbare än så är vi då vinden ylar övergivet i den brustna nattens enformiga mörker

I alla de delar vi har slutat att inte längre bry oss om att lämna bort för ventilbyten

Som om det inte räcker med en svulstig månadsavgift för att lösa problemen

Utan att för en enda minut låtsas om att det nu skulle handla om något helt annat

De påpassade drömmarnas brustna imperfekter ger sig själv lavemangen gratis

Som om det enklaste vore att försvinna i en tuva snöpligt hopkommet skogsbryn

På den matta ytan något slags efterapat och skimrande ljus från en konstgjord lykta

Vad vi ska göra, eller låta bli, är inte det vi sysselsätter oss med att kritisera

De avslappnade attityderna glider alltmer undan i förgängelsens stilla skvalpande

Utan att vi fattar den sista styverns makt i alla våra undangömda skatteåterbäringar

Där torpen vid stadsgränsen minner om de svunna
dagarna utan definitiva gränser
I alla våra förhoppningars oupphörliga efterapningar
att katalogernas glättade innehåll
Där alla brott i ytan av det undangömda ska minna oss
om slutstavelserna i våra namn
Utan att vi lättar på förlåten till de så aggressiva
undanflykter vi presenteras för
Utan att vi någonsin ska kunna glömma alla de
påståenden vi påstås vara sagesmän till
Vi deltar, eller glider med, utan att vara riktigt medvetna
om hur allvarligt läget är
Som om vi fördummats av den egna resan mellan de
tåg av isvindar som burit oss
Vidare in i den natt vi aldrig kunnat begripa att vi
förutsätts kunna förstå oss på
Mitt i den smälek som vi misstagit för framgång under
så många decenniers lopp
Där vi aldrig ska kunna löga oss i våra egna tankar, utan
snarare tvingas bort av alla de
Åtgärder som skulle kunna innebär att vi så mycket
säkrare delar med oss av livets
Allra som mest finurliga intimiteter på det där charmigt
gamängaktiga sättet vi är kända för

I de slitna lektionssalarnas intimiteters frånvarande avgöranden i stunden

Faller vi från jorden yta i en orgasmisk infiltration
av negationers välde
Där vi lägger märke till de allra minsta detaljerna i
tankefåglarnas fjäderdräkter
Så invasivt påtagliga att vi skulle storkna utan hjälp
av våra egna motgifter
Från den sida av kvarterens mörkaste sidor vi har att
hålla oss undan för alltid
I all den slitna tid vi tror oss, förhoppnings, ha sparat
åtminstone ett tionde av i genomsnitt
Under de täcken vi oavbrutet har gömt oss under för
att undgå prövningar
Som vi egentligen inte har riktigt koll på vad de
egentligen ska betyda för vår framtid
Men, ska livet under täcket av dunkelt tänkta tankar
brisera i en slutlig natt,
Eller är vi redan alltför förhärdade av vårt forna liv
för att kunna förstå dessa vinkar
Som om de aldrig ska leda oss på villovägar, utan

mer tvinga oss in i bryderi

Som om det enkla skulle vara oss förlorat i alla våra uppenbara brister

När vi åsamkar oss själva de nolltaxeresultat vi aldrig skulle ha tvingat oss godkänna

På den sida av livet vi för tillfället råkar hålla för den rätta sidans möjligheter

Kanske vi till och med ska första oss själva så mycket bättre i sluttampen

Av alla de slitna uttryck vi menar att vi har gjort till våra egna vackra uttryck

När de i själva verket är oefterhärmeligt patinerade tankemönster från död kultur

Som äger oss i alla de smattar i livet vi kan gömma oss och våra tankar i

Utan att de längre kommer att räknas oss till godo i någon nämnvärd kapacitet

Bluesen i alla designermöbler och de slitna metaforerna om att fånga dagens innehåll

Är enbart en ersättning för den tomhet vi alla kan beröras av under livsloppet

En ny variant av att hålla oss undan från de tankar, som likt leprakolonierna

Man försöker att tiga ihjäl att detta sekel ska bli det värsta av alla i mannaminne

Från parallellerna vi ständigt tvingar ut och in för att de ska passa in i systemet

Som om det aldrig skulle kunna bli tvingande att hålla sig för god för detta

På ett avartigt sätt vi sällan kan förstå numera i dessa kalla tiders dessertlån

När vi sparkande levererar det allra mest slitstarka alternativet till oss själva

I ett alldeles för småväxt alternativ till det vi borde ha lagt oss till med från början

Som om det inte skulle räcka med det vi helt enkelt förstår oss på numera

I motsats till det enkla vi kan hitta alldeles runt hörnet
utan ansträngning
Som om det där enkla är det mest förtjusande vi ska
leva upp till livets krumbukter
Utan slitytor på vår enkla attitydförändring i alla vi håller
oss undan för
Våra förstörande tankars envetna attacker på våra själars
vilda oförstörbarhet
Som om vi aldrig skulle vilja vet mer om oss själva än
just det där lilla
Men, bluesen i designermöblerna bryter ner våra själars
fridsamma lågor
Som om det vi ska hålla oss undan är det enklaste vi ska
behöva göra bokslut med
Kanske alla de där svarta lockande blickarna ska dela
med oss av livets
Enstaka förtretligheter och de dumheter vi tenderar att
kalla lyckans stunder
Som om det aldrig ska leda någon annanstans än dit
där vi just befinner oss
För att skaka av oss alla de envetna förföljarna på den
där knappt skönjbara stigen
De så pretentiöst kallar livets väg för att vi aldrig drabbas
av bluesens egen katarr

Sidan vi kysser varandra på är det slutliga ultimatum vi kan ställa

Utan att det ens kommer att märkas ett endaste smul i historieböckernas avslut

I Barcelonas smala gränder i närheten av Plaça Reials relativa skuggas andedräkt

Står de där alldeles för enkla gitarrhalsarna på ett avstånd av en meter och ler

Ska de enklaste labyrinterna gripas av sin egen inneboende panik av outgrundlighet

På deras absolut nyaste dag av de mest slitna anekdoterna och en smula unket rödvin

När allt ska fortsätta som en anledning till att bryta samman i din egna stillhet

På det avstånd till verkligheten vi ska leda oss till att förstå vad vi ger oss av till

Ute på Las Ramblas är det tvärtemot en helt vanlig fuktig kväll att ta itu med

Som om det vi jagar är en stilla flört på El Corte Inglés, utan att ens kolla böckerna

När Barri Gotic imploderar som en del av det slutgiltiga

svaret på alla våra frågor

Utan att vi kan hålla oss undan den släpiga dialekten
från vår uppväxts mörka skuggor

Inte mycket; men det vi tar orda emot är det mest
uppenbara av alla sanningar

Slutligen dividerar vi våra liv med de orealistiska
förväntningar vi bär med oss

Inte mycket, kan det tyckas, men ska vi lyckas måste vi
leva upp till vår potential

Som om inte detta vore slitigt nog ska vi hålla oss undan
i sluttampens avgifter

När alla sätt vi lärt oss att hantera motgångar på ska slita
ut oss i allvarsam lek

Utan att vi envist hotar vår egen skugga med de
okvädningsord vi fortfarande kan minnas

På det sätt vi på allvar ska tillåta oss att undvika oss
själva med i motsatsernas

Oavlåtligt slitna uppfattning om slutledningarnas
enahanda missbruksproblem

I alla de motsträviga uppgifter vi ständigt blir försedda
med från felunderrättade

Källors envetna påverkan i den slutna kvällens enahanda
och löjliga musikval

Visste vi redan långt innan begynnelsen
att detta var en falsk start – igen

Utan de möjligheter att smita undan från anstormningen
av slitna tankar
Där alla de goda delarna sedan länge dissekerats undan
i det senaste brådrasket
När slitna ideal ändå är en typ av ideal vi skulle kunna
ha användning för
Allt det där vi oavlåtligt skulle vilja kunna sortera upp
i dess beståndsdelar
Utan den minsta rädsla för att vi delar med oss av det
vi ska kunna hantera väl
Vad nu detta skulle kunna ha för vikt i det stora alltets
envetna strävan mot entropi
Där de minsta smattarna fylls av våra som mest
deprimerande tankar om livet
För att vi slutligen ska kunna förstå vad det är för avarter
vi egentligen håller på med
I de slutna rummens ihärdiga förnekande av de
omfattande slutsatserna vi föddes med
Mot att vi på det fullaste allvar skulle kunna hålla oss

undan det vi helst vill ha

Utan den slitna uppgiften att tanken är den leda sidan
av vår framtids vägval

Så att vi, när det blir så dags, ska kunna hålla oss undan
under evighetens afton

Och leta oss vidare in i fördömelsens svartvita kvarter
av den ultimata förnekelsen

Med det allvar som kännetecknar spelare på vippen att
tippa över kanten

På sin egen slutliga existens och samtidigt veta att det
kommer ingen dag imorgon

När vi, i all vår välmening, ska slita oss från de exakta
uppfattningarnas explosioner

På den sida av allfarvägen vi aldrig ska kunna uppbringa
något vi längtat länge efter

Med de där känslorna tanken egentligen inte ska kunna
ersätta, men vi försöker oavbrutet

Utan att för en enda illvillig sekund kunna hålla oss
undan i allt detta oväntade motljus

Där vi kisar in i vårt eget allvar och trampar vatten i våra
sjunkande livsresor

Med det allvar endast den känner, som alltid har tyckts
skratta och le

Som om vi, när vi ser andra människor i första hand tänker på vårt utseende

Vad vi på avstånd kan påstå oss vara genom att låta påskina att vi är någon annan

Då är det onekligen dags att skifta skepnad med de raskaste finurligheter vi känner

Utan att det på något sätt hindrar våra rörelser i stadens så exploaterade citykärna

Om det nu ska vara på allvar pillemariskt utanför vår egen bepansrade dörr

Där endast återstoden är det viktiga när mörkret faller ihop runt omkring oss

Utan de där enorma skyddsanordningarna vi skulle ha beställt redan under våren

För att envetet kunna hålla oss undan allt det som försöker binda in oss i tvång

Vad nu allt det där innerst inne verkligen tycks handla om är inte så lätt att begripa

Inte ens när vi applicerar alla våra gemensamma krafter på det spektaklets lösningar

När vi inte kan komma åt de innersta grundvalarna för

våra repetitiva argument

Vi inte längre behöver rannsaka våra minnen för att åter kunna använda dem på fel sätt

Vi vill ju främst hålla undan från det där allomfattande mörkrets envetna idéer

Utan att det ska kosta oss någon som helst fysisk eller psykisk ansträngning

Efter de tankar vi inte ens lärt oss att begrunda på det vedertagna akademiska sättet

Utan vi lallar omkring i en sluten intighet där endast våra örsnibbar kommer till tals

På alla sätt detta ska fortsätta att mala i våra värkande bakhuvuden allt framgent

Som om vi inte längre har något val att göra inför mötet med allt det där okända

Så vi beslutar oss för att välja det minst komplicerade och missbrukar våra egna namn

För att vi ska slippa undan eventuella åtal för "föregivande av offentlig ställning"

Endast av den anledningen att det aldrig riktigt kommer att gå oss väl i händer

Om vi aldrig riktigt kan komma till skott med våra föregivna åtaganden med dem i motvinden

På det där sättet vi aldrig riktigt förstått att vi skulle kunna undvika oss själva

Eftersom vi sedan länge på sätt och vis är våra egna allra värsta och äldsta fiender

I detta getto av oefterhärmliga insatser kring våra slutna attityder gentemot livet

Omkring oss utan att det på något enda sätt skulle kunna bringa oss något bättre

Av det där vi så oefterkallerligen utan minsta tvekan skulle ha kunnat dela med oss av

Utan att det på något sätt och vis hade inneburit någon saknadens palaver

Där, i den allra som säkraste attityden, finner vi den oavbrutna ro vi ständigt söker

Som om det egentligen handlar om något mycket mer komplicerat än enbart timmar

När vi vet vad vi skulle ha gått i för riktning för att på något sätt lykkas hitta fram

Till de mål vi i den allmänna villervallan hade lyckats staka ut för oss att uppnå

På den tiden då allt inte bara handlade om att

konsumera, utan mer om att skapa

Nya saker vi aldrig någonsin skulle ha kunnat komma fram till helt på egen hand

Om vi förutskickat alla våra subtila extravagansers outsinliga krafter från utsidan

Och inte ens kunnat skrapa på ytan av allt det till synes så enkla i utmarkerna

Av det liv vi fått för att vi levde, mitt ibland alla andra som också tyckte sig

Leva någon slags liv i allt det snarstuckna vi vanligen brukade kalla för livet

Utan att en enda gång ha pratat om att bolagisera oss i brådraskets utmarker

Där alla våra förehavanden skulle kunna komma att nagelfaras in i mest intima

Av alla de detaljer våra liv byggdes upp av under kontinuerlig strävan efter morgondagen

Där vi, utan att ens reflektera, använde de vanligaste strumporna som marknaden erbjöd

Något vi inte riktigt förstod oss på att tolka som en positiv erfarenhet i våra liv

Utan mer betraktade som detaljer vi har med oss i bagaget för att undvika oss själva

Nu ser vi det vi förstått oss allt sämre på allt eftersom tiden förflutit under våren

Som om det egentligen inte handlar om något vi ska
behöva ta till oss just nu

Utan mer lagra tills en alltmer avlägsen och diffus
framtid kan komma oss tillgodo

På det där gamängartade sättet vi alltid varit en smula
mer svaga för än vi erkänt

Inte ens för oss själva i avskildhet och utan en massa
nyfikna blickar och öron

Med så snabba uppstarter kanske vi ska förstå oss på
oss själva aningen mer än förr

Som om det vi ska hålla oss för goda för att avskärma
oss ifrån vår egen tid

Och att de löjligt ambitiösa gravallvarliga grannarna i
vår port ska hålla tyst

Åtminstone innan de på nytt startar sina tirader av
pretentiösa synpunkter på allt och alla

Innan vi sett till att allt vi en gång önskade att vi skulle
kunna göra senare

Inte var det vi egentligen ville få gjort under vår alltför

korta stund på jorden

När vi är på upp mot den där fjälltoppen vi alltid önskat att vi skulle bestiga

Men aldrig riktigt kommit till skott på allvar för att ta itu med det projektet

Som om det någonsin verkligen varit avsikten med det där snåriga uppdraget

När det i själva verket handlade om något vi måste ta itu med vare sig vi vill

Eller slipper fundera så mycket på under alla de där gångna årens slitna fotspår

När vi kanske önskade något helt annat som vår ursprungliga avsikt med det en gång

Då våra bromsspår ännu inte hunnit bli så djupa att vi fastnade fullständigt i dem

Utan kunde ta det hela med en smula ro för att vi varit så väldigt förutseende

Utan att det egentligen någonsin varit vår planerade avsikt från allra första början

Men, det spelar i efterhand ganska liten roll vad vi ska komma med för ursäkter

Eftersom vi förefaller vara på väg att segla ut via horisonten, utan att tvivla

En enda gång på alla de sarkasmer detta skulle kunna komma att locka fram

Bland folk vi tycker att vi känner, och även bland fullkomligt främmande människor

På väg till helt andra delar av verkligheten, på jakt efter sina universums mål

Som om vi aldrig ens skulle kunna hålla oss för skratt i all den slitna verklighet

Vi oavbrutet påstår att vi ska kunna hålla undan för i klappjakten på lyxvaror

När vi tackar vår skapare, eller genvällingen, för allt det vackra vi varit med om

Utan att en endaste gång ha gjort något medvetet val för att påverka vår färd

Där vi väl gett oss in i allehanda tveksamma algoritmer av kärlek och vänskap

Som om det inte vore för oss, utan mer för alla de där andra som omger oss

Med alla de kval av omständigheter som vi så lätt blir

offer för längs vägen

Där det minst övertygande också är det som påverkar
oss så genomgripande

Att det enbart är försynen som lekfullt sett till att vi klarat
oss igenom detta

Utan att en enda gång ens fundera över vad det skulle
kunna innebära framöver

När vi långsamt håller på att sänka farten högst betydligt,
som om det nu vore

Dags att hålla undan för något omkring vi inte riktigt
kan definiera så tydligt

Som vi möjligen skulle vara tillräckligt ambitiösa nog att
vilja göra endera dagen

Utan att det skulle kunna räknas oss tillgodo i den
aspekten att det är positivt

För oss att rikta in oss på de där futiliteternas envisa
lekar med våra spröda känslor

Som om det inte räcker med att den gångna hösten var
en enda lång uppförsbacke

Där ljusglimtarna med ens hade slutat att glimra till i
det intensiva mörkret

På det vanliga grabbcharmiga sättet vi lärt att omfatta
med den största avsky

Inuti de minst utvecklade tankarna brister våra föreställningar i våldsam gråt

Över vad vi kanske skulle ha undvikit att engagera oss
i under denna tid
Som om det vi minst befarade var just det som skulle
överta maktens regalier
I denna oavsiktligt onda, slutna och frispråkiga tid av
överskottsenergins falsarier
Utan att vi ens skulle leda våra trampcyklar längs den
upptrampade vägen
Under sken av att det skulle kunna leda oss in på
villovägarnas sarkasmer
Utan att vi för den skulle egentligen ville hålla oss undan
på fullaste allvar
När vi aldrig ens reflekterat över den försummande
tanken i våra svarta själar
När vi gnager på den fullaste envishetens erbarmliga
utanförhet som slutmålets tinnar
I alla de slutsatser vi i avskildhetens gravallvar hade
lyckats förläna oss själva
På det där sättet, som vi naturligtvis visste var förbjudet,

men ändå så lockande

I all denna försiktighet som var så djupt rotad i våra nattsvarta själars efternamn

På så sätt att det mörka blev en högdager i allt släpljus vi skulle hantera

I alla de eftersläpningar vi kämpade med att få loss från alla våra synkjobb

Då vi borde ha fattat att allt det där vilseledande inte riktigt var vår ensak

Utan mer ett ansvar för mänskligheten i stort, utan att blanda in de viktigaste

Tankarna vi borde ha hållit för oss själva på det vanliga sekretesslägets vis

Utan att yppa aldrig så små detaljer om vad vi egentligen var i färd med

Där vi pö om pö återvinner alla de så saktmodiga känslolägena vi mindes från förr

Utan att vi egentligen hade kapacitet att verkligen ge dem de namn de förtjänade

Åtminstone så vitt vi var kapabla att bedöma i detta tveksamma läge, som mest

Av allt liknade vad vår gamle historielärare kallade *'status quo, ante bellum'*

Vad vi egentligen vill med de böner vi krånglade ur oss under de långa nätterna

I de avlägsna hålorna vi lyckades ta oss till oavsett var
vi vaknade upp om morgonen
Som om det inte spelade någon egentlig roll att geografin
var emot oss hela tiden
Som vi var sysselsatta med att snoka runt i de mest
avlägsna landsorterna
Med den där pigga entusiasmen vi aldrig skulle kunna
ha mobiliserat tidigare
Eftersom den på något sätt aldrig varit oss så mycket till
lags på det här nära sättet
Utan mer som en jobbig styvsyster vi aldrig riktigt
förstått oss på hur hon fungerar
Utan den bistra uppsyn som vi bar med oss längs
kyrkogårdsgångarna i jakt på historien
Om vår så diffusa bakgrund mot en ridå av alltför
vedertagna åsikter om livet
I dess mest konstruktivistiska version på en bakgård på
Bondegatans fattiga sida
Utan att det en enda gång slog oss att det var ju exakt

motsatsen till att ta sig fram

I all den näriga snålblåst vi på sätt och vis aldrig kunnat
fjärma oss från på allvar

Precis som de där trätofflorna vi saknade sedan vi kastat
dem på soptippen

I ett nu så avlägset Ystad och de andra inbillningarna
som gick samma väg den kvällen

Utan att vi för en enda sekund kunde åsamka oss någon
slags vällust i motvinden

På den sidan av landsvägen som garanterat skulle föra
oss tillbaka hem igen

Utan att för en enda sliten sekund kunna hålla oss
allvarligare än förra året

Då allt det gamla tycktes ha fått sin uppenbara förklaring
dold i smutsen

Från alla de sockerbetor vi plockade längs leriga vägar
i nattens ekande mörker

Där den ostrukturerade ekonomin tycktes vara den
största boven i detta drama

Oavsett vad de där tankarna hade för ursprung kändes
de inte så särskilt fräscha

Och det var möjligen anledningen till att soptippar blev
ett hot mot vår lycka

Så vissa delar av vår privata årsredovisning var bara en plump i livets protokoll

Av alla de tankelager vi hade kunnat utnyttja för att återvinna vår stulna heder

Då de möjligen snart skulle kunna återvinnas i en efterskörd av enklare skeenden

Där det sista blev det första, utan att det mellersta fått en enda rejäl chans

Som om det vi egentligen önskade skulle visa sig vara helt felaktigt numera

När alla de skeva åsikterna tycktes vara de som skulle gälla allt framgent

Och sno oss i tvinnade skaror av fångande själar i motvalsens sista takter

Möjligen med en doft av dekadens och stulna kyssar i valsens rotation

När vår insikt inte mer var riktigt på den för oss acceptabla nivån längre

Utan mer förlitade sig på tankar ur det förflutnas enahanda arkivsystem

Utan att vi ens en enda gång hade för avsikt att lära oss

något nytt längre

Som om det bar oss emot att lita till vår egen, något slitna, förmåga numer

I de felaktiga mumlanden vi tycktes ha anammat som våra egna frihetstal

Utan den allra minsta respekt för de som levde före oss i motlutens ilska

Utan snarare, på ganska charmigt vis, kunde låta oss förlåta alla andra

Men, som att det på något sätt skulle innebär att vi hamnade i en dålig dager

När vi till slut erkände att vi saknade det förflutnas kompromisser och svikna löften

I alla de så oefterhärmliga piruetter våra tankar tvingades att utföra i beckmörkrets

Så slitna metaforer om vad livet egentligen går ut på, utan att ens förlita oss

På de sarkasmer vi varit benägna att hålla oss till under eonerna av förfluten tid

I det väderstrecket vi helst av allt ville undvika att röra oss med bäring på

Som om den riktningen tenderade att sluta dörrarna kring oss för all framtid

Luftledningarna i våra själar ska aldrig sluta andas ömhet och varsamhetens sång

Som om det skulle kunna vara på det helt andra sättet vi så lätt kan föreställa oss

Utan att det en enda gång blir vi själva som briserar i en strandkant i höstdis

Som om det vore mer omöjligt när tankarna står som spön i backen och ler hult

Mot alla oss som spelar den dubbla rollen av aktör och åskådare på samma gång

Och de där tankarna från 5o-talet var en slags livskris vi försökte smita iväg från

Utan att det skulle lyckas, det kände vi verkligen av, och försökte fäkta undan

Utan att något av vad vi ville egentligen skulle kunna komma upp till ytan

Tills vi en dag slutligen skulle kunna inbilla oss att vi kunde övermanna oss själva

I alla de motlut och utförslöpor vi någonsin hade besökt i dolda dimmors skydd

Utan att det kom an på oss att låta de andra förstå vad

vi egentligen tänkte om dem

Under den tid vi snubblande vanartigt försökte blidka dem som vi förut hånat

När vi siktade mot våra så lågt placerade mål att dubbla mängden inte hade räckt

Till att får dem att förstå hur fel de hade i all vår trosvissa övertygelse om vinsten

I det spel som vi inte ens hade förstått vad vi egentligen borde ha anammat mer av

Utan att något av allt det gamla var detsamma som vi en gång hade tittat på

I de gamla ödekyrkornas unkna baksidor fylld med öden från förfädernas liv

På det där viset, som vi aldrig skulle kunna komma att vanställa oss igen

Utan att vi på vårt vanliga sätt skulle återta allt det förlorade med en snabb knyck

Som vi kanske hade lånat av den sexiga grannen en trappa upp från vårt elände

Som om det nu spelade någon roll vem som egentligen lånade ut vad till vem

Inte nu, när allt nästan skulle kunna börja om igen, utan ansträngningar alls

När våra egna liv inte längre enbart handlar om vad vi hade för oss sistlidna natt

Utan långt mer betydelsefullt än så, som om de där liven
faktiskt spelar en roll

För vilka val vi tillåter oss själva att stadfästa som
utmärkelser för oss själva

Utan att vi för den goda sakens skull inte kan hålla oss
helt vakna så värst mycket längre

Utan snarare vacklar vi långsamt vidare i den vanliga
typen av somnambul frånslagenhet

På det slitsamma allvar vi aldrig ens fått för oss att hålla
andan inför våra avsiktslösa

Men ack så prominenta antaganden om vad gårdagen
egentligen kom att betyda

I alla sina hjärtnupna fortsättningar och förlöpningar
under oavsiktliga meningar av lust

När förståelsen av den aktivitet vi helst av allt vill hålla
oss upptagna med i mörkret

Som om det inte ens kan ledas i bevis vad vi ska undvika
att starrbliga på just nu

Utan vi lever vidare med alla de där förkortningarna
som vår svans av smälek
Under alla de där smittande fnissen och leendena som
vi aldrig kan bli kloka på
Det vi alltid har grubblat över hur det kan komma sig,
i denna så mörka tid
Att alla de varsamma beröringarna är det enda som sker
riktigt på livets allvar
Som om det funnes annat att begrunda, men inte kan
ledas i någon slags bevis
Utan snarare befinner vi oss i en utförsbacke som skapas
av för många möjligheter
I allt det där som tycks omge oss med de envisa uppgifter
vi åter ska påpeka
Och igen, innan det kommer att ta slut inom oss, som
en imploderande polstjärna
Från en annan galax, som genar igenom detta solsystem,
utan att förebrå oss något
Som skulle kunna ändras på, eller åtminstone, justeras
en aning innan ridån går ut
Genom den fortfarande stängda dörren och genar över
parkeringen för att ta en buss
Som skakar iväg längs landsvägsdammet hela vägen upp
till Ciudad Juarez

När de slutgiltiga spekulationerna om
sakernas tillstånd håller oss undan i

Den slitna vindens ömsinta famntag på de skånska
slätternas evighetshorisonter
I den så vida bemärkelsen som livet tycks ha en förkärlek
för att alltid anamma
Utan de där dekorationerna vi alltid ska hålla oss undan
i den enerverande stiltjen
Utanför de mest avslappnade teoretiker vi alla kommer
att följa förr eller senare
Utan att vi egentligen bryr oss så mycket om
slutresultaten av våra eskapader
Kanske mest för att vi aldrig varit den snåla typen av
kalkylerande människor
Utan mer av typen som följer med strömmen, utan att
reflektera över vart den leder oss
Som om det egentligen spelar någon roll i alla våra
erbarmliga framtidsvisioner
Som inte tycks leda dit vi vill att vi ska kunna ta vägen,
bara vägen räcker till
Då fattas det oss så många ingångar till lösningen av

problemen att vi fullständigt baxnar

Redan vid incheckningen till denna del av livet vi nästan oavbrutet har undvikit

Som om det skulle kunna leda oss i en mer konkret riktning än något annat

Som vi försökt oss på att sysselsätta oss med i bidan på framtidens änglar

Och alla de avsevärda insatser vi gjort för att på försök leda oss på rättan köl

Utan att ens det bidragit till mer än marginella förändringar av våra enahanda liv

Då kanske detta inte slutar så förfärligt enahanda, även om vi befarar det värsta

Eftersom det "ligger i vår natur" som det brukar heta under slutpläderingarna

I våra familjeråd, gömda undan höststormarna, och slitna ner till fotknölarna

Av en tristess som vankar av och an utanför vår port i den kalla natten

Allt vad vi har lärt oss av alla de där flygande besiktningarna av våra liv

Kanske ändå betyder aningen mer än vi i förstone hade
kunnat intala oss

Och detta utan att vi på något sätt lirkar in oss i vårt
förflutnas åsiktskorridorer

På det där menlösa viset vi aldrig riktigt har ansett vara
oss på riktigt allvar

Vad vi än avsett från början betyder det ingenting alls
i fortsättningens brister

Som alldeles för klart och tydligt uppdagas i våra
svallvågor genom folkhavet

Som tycks omge oss med allvarliga sidoeffekter av
snarstuckenhet och jäv

När det i själva verket handlar om helt andra saker vi
vill gynna oss med

Som om det kanske skulle kunna vara en anledning
bland många andra

Att vi håller oss på mattan på det där ineffektiva sättet
som innebär saknad

I alla de hörn av verkligheten vi vill vara en del av under

fortsatt ifrågasättande

Som om det i själva verket aldrig slutar att gynna oss
med allvarliga gester

Vilka lika gärna kunde utföras av någon annan i
folkmassan utan att det märks

Och vi ska verkligen lära oss att vi inte är oersättliga i
den vackra åskådarsport

Vi har förvandlat vårt agerande till i den ultimata
insikten om allt omkring oss

Som om det aldrig ska leda oss någon annanstans än
dit vi redan är på väg

Snabbare än någonsin förr – som om vi verkligen till
slut har lärt oss skynda

En smula mer avsiktligt på vår oefterhärmliga nisch av
krokaner i kylskåpet

På sådana enkla krusiduller vilar vårt tänkande i bruset
av neonernas switchar

När vi längtansfulla stirrar in i allt det där ständigt
becksvarta som vi kallar mörker

På utsidan av känslorna och insidan av själens
hoprullade matta av åsikter

Där enbart de gångbara metaforernas förtjänar den
respekt de inte kan uppnå

Den ludna dörren III: Förbannelser

Kanske vi äntligen briserar i våra egna slutna tankevärldars uppenbara missförstånd

Utan att för en enda sekund återkoppla till de tankar
som var våra för eoner sedan

Som om vi slutgiltigt inte ens kan hålla oss undan allt
det snarlika i våra existensers

Så uppenbart orättvisa applikationer av alla de där
snarfagra grannarna vi avskyr så mycket

På ett riktigt aggressivt och oförlåtande sätt vi blir
förvånade över att vi härbärgerar

Som om vi aldrig kan lära känna oss själva på det där
oförlåtande seriöst allvarliga sättet

Vi alltid trodde att vi skulle kunna komma att bemästra
vilken dag som helst i veckan

Bara vi inte sneglar för mycket på hur alla de andra beter
sig, utan navigerar enligt

Vad den egna levnadskompassen dikterar för oss att i
görligaste mån hålla oss till

Men, bara vi tar tag i vårt egna nackhår ska väl det inte
vara någon riktig match

För oss att ta till oss, för hur svårt kan det egentligen
vara att leva utan gränser
I det inrutade livets ofrånkomliga gränskränkningar och
incidenter av osäkerhet
På det där envist ofrånkomliga viset vi aldrig riktigt lärt
oss att hantera väl
Fast, vi skulle ju ha förstått hur landet låg om vi bara
inte blev så distraherade
Av våra egna tankar, som ofrånkomligen vandrar vidare
i all den chimära lystern
På ett sätt vi svårligen kan ha lärt oss i enhetsskolans
grönmålade korridorer
Utan mer troligt har samlat på oss i våra så förment
intellektuella kretsars nattmanglingar
Där det enda vi med säkerhet kan konstatera är att tiden
går för alla, förr eller senare
När vi, utan att ens anstränga oss, kan landa i helt nya
sammanhang vi inte förstår
Som om vi oavbrutet fördummats genom alla tankar vi
har att hantera varje dygn
På ett manér vi aldrig ens kunnat föreställa oss i
begynnelsen av scoutverksamheten
När vi slutade att närvara vid dess sammankomster i den
svala källarlokalen

Kanske vi flydde från landsortens hämmande jordkällare och ödetomters stilla ljus

Utan den minsta tanke på att det skulle kunna förändras under den tid vi var på flykt

Som om alla slutsatser endast hängde på den sista kroken under hatthyllans gömslen

Där förlåtelsens täcke var det enda vi kunde utgå ifrån och försöka gömma oss under

För att vi för denna enda gångs skull tvingades att låta oss själva vara ifred med natten

Som om de slutgiltiga vandalerna ännu inte hade fötts upp på Immanuel Kants tankegods

Och dessa tankar eliminerade de där vandalernas ursprungliga dagordning i det skarpa motljuset

På andra sidan av Midsommarkanalen genom våra slitna samveten och berusade minnen

Där vi ångerköpta och slutvalna håller oss för pannan i gester av uppgivenhet och stolthet

På undersidan av den allfarväg vi ska leda in oss i på nytt allvar om bara någon timmes tid

Den ludna dörren III: Förbannelser

Stelnar vi till i steget, just som vi var på väg att vända
om, och landar i förtvivlans damasker

Som utan uppsåt delar ut oss på fältens rektanglar av
opåverkade avsikters målmedvetenhet

Där allt är ingenting och ingenting egentligen betyder
någonting som resultat i fonden

Utan mer som en slags kompassros på väggarna vi stirrar
på, de kan leda oss någonstans

Men, vi väljer att inte låta dem, och de svalnar snabbare
än någonsin i allt det så nya

Där valhäntheten premieras framför allt det som
vanligen brukar prisas på offentlighetens torg

Utan att vi kan föreställa oss alla de där sniderierna i
våra hjärtan som något annat än svalka

På det där eminenta sättet som bara den naturliga
produkten kan fungera i alla vindens riktningar

Vi hade sånär på känn att de skulle bidra med negativa
känslor om vi koncentrerade oss på dem

Så vi slutade tvärt att vara koncentrerade och vimsade
till oss aningen mer, i onödan

Kan det tyckas, men vi hade en vision för allt vi drömde,
utan reella planer och grafer

I den diminutiva springan mellan natt
och dag brister själarna i hulkande gråt

Som lågmält besvaras från andra sidan oändligheten
med diskret "ironiska" applåder
När vi så nära den sista timmens bristande allvar kan
hålla oss undan ännu en tid
Som om det skulle kunna hindra oss från att dela med
oss av alla slitytors bane
Kanske vi till och med kan hålla oss undan i skyddet av
våra alltför slitna minnen
Eftersom vi aldrig kommer att returnera allt vad vi ska
hålla av till ursprungsadressaten
När vi blivit medvetna om att den kanske inte är den
naturliga återkomstens punkt
För oss i alla fall, undantaget den stund vi ägnar åt att
dela med oss av allt berömmet
Utanför den sista slitna handelsboden i Byhålas
vanmäktiga uppfattningar om tillit
Utan den stund av allvar vi så länge hållit oss undan i
allvarets absolut skimrande fokus
På avigsidan av tillvarons mest tillkrånglade uppgifter

om härkomst och framtiderna

Ska ligga oss till last i evigheternas outsinliga upptåg på
startplattans envist grå betong

Utan att vi en enda sekund ska kunna påstå att det var
någon helt annans fel just idag

Men, just då, blir det så mycket enklare att hålla undan
för den brölande vindens attacker

Som om de inte längre har vårt nummer och kan tränga
sig under våra trådslitna koftor

På det där passivt-aggressiva manéret vi på sätt och vis
länge varit tämligen förtjusta i

Fast vi inte har en aning hur den där förment positiva
attityden började gro inombords

Utan att vi lagt ett enda strå i kors för att det skulle
kunna finnas möjlighet att inträffa

Vad som kan kallas för det ultimata avslutet på en för
evigheter sedan så lovande start

På ett insmilande och allmänt vedervärdigt sätt att
förhålla sig nykter i en berusad värld

Utan slitna tankar, taggar i hjärtat och enahanda notiser
från vanligtvis felunderrättat håll

Där vi, förvånande nog, vanligtvis undviker att befinna
oss, vare sig vi vill, eller inte

Att kalla sig själv vid förnamn förefaller aningen psykotiskt

Som om det inte skulle räcka med ens hälften av alla de snedvridningar man har

Inombords lika väl som omkring sig i det inferno som kallas för onsdagarnas rymd

Utan att det ens lider mot kväll någonstans i världen just nu, det bara lider, punkt

Som om de motsatser vi försöker dela med oss av det slitet självupptagna inombords

Inte längre ställer till det på samma sätt som i de tidigare gryningarnas slätstrukenhet

Utan mer lägger sig till ro kring våra hjärtan som elastiska metaforer för omtanke

Eller fast mer en slags uppenbar misstänksamhet som vidlåter allt det förflutna

I alla de sänkningar vi gör av våra en gång i tiden så vidlyftiga framtidsdrömmar

Där alla våra idéer om våra liv ska koncentreras i det slutgiltiga framstegsurvalet

Som om det inte längre handlar om enbart vår egen

framtid, utan om fleras
Kanske med betoning på det vi hela tiden försökt att
undvika i alla våra tankar
På det sätt som vi finner för gott att hålla undan när vi
befinner oss bland folk
Och undviker att låta det lysa igenom allt vi en gång i
tiden skulle vilja göra
Som om det på något sätt skulle kunna göra sakernas
tillstånd så mycket bättre
Än de egentligen skulle kunna tillåtas vara i all vår
stillsamma tillvaros gömda hörn
På det uppenbara viset bevisat i alla de undanskymda
vrår vi tillbringat eoner av tid i
För att på något sätt kunna undanhålla alla våra snedsteg
från den allmänna avisan
Efter ett väl avvägt program för alltmer positiv
marknadsföring av våra slitna minnens markörer
På det sorgliga manér vi aldrig helt lärt oss att lämna
någonstans i vår bakgrund
Utan fast mer drar till torgs med på eftermiddagarna i
motståndets uppenbara sken
Som om vi aldrig kommer att bli så skickliga på att lura
oss själva att det fungerar
Oavbrutet, utan att vi påminner oss själva

Om vi så bara möttes i skarven mellan dag och natt skulle vi ändå totalt tillitsfullt

Dela med oss av alla våra tankar i det absurt lila skenet
från våra slitna hjärnor

Som om de enklaste tankar vi hade fått för oss var det
där vi aldrig riktigt litade på

Utanför den allt trängre kretsen av utanförståendes
enormt tilltagna räckvidd av emotioner

Som brötar av fullständigt överflödigt bagage tills vi
inser att det är bränslet i våra liv

Och inte något som hindrar oss på allra minsta sätt i
loppet mot intighetens målsnöre

Där det vi brukade kalla "vägen hem" inte längre finns
som något exakt begrepp

Vi försökte helt enkelt frälsa oss från oss själva i de där
gryningarnas kretslopp

Utanför den egna existensen halvmatta lyster i
soluppgångsstrålarnas yrvakenhet

Som om det vi helst av allt vore på jakt efter är den tanke
vi ska hålla oss undan

Utan att en enda gång blicka bakåt ett uns på den stilla

kartan över livets eskapader
Då det alltför ofta blir så svårt att urskilja våra egna
uppfattningar bland andras
Och finns det egentligen utrymme för våra när de andra
hyser så enormt många
Kanske det slutar lika illa denna gång vi försöker ta oss
in i våra hjärtans vrår
Som om de numera inte längre är en del av vår egen
alltför välbekanta terräng
Där vi kan rumstera runt som vi vill, utan att någon
annan förstår vårt uppsåt
När alla de där tilltagen ska leda oss vidare in i allt det
förment gemensamma
Där vi mest av allt saknar de nya begrepp som enkelt
förklarar sammanhangen för oss
Utan att ge avkall på livsexaktheten i våra bristande
minuters baktändningar
Skrålar vi vidare i den slitna nattens alltför exakta
uppfattningar om vad som krävs
Som om det vi håller oss undan är en av de obemärkta
tankarnas uppfattningar
När vi korsar det gigantiska betongtorget i förortens så
armerade livsyttringar

När vi lever i de skrymslen som lämnats åt oss av de där som tar all plats

Är det inte mycket mer att skriva hem om i alla våra abrovinklar av tidsnöd

På den sida av verklighetens enarmade murar vi ska klättra över med en längtan

Bort över haven och in i de mörkaste sjumilaskogar vi kunnat föreställa oss

Att vi någonsin skulle kunna komma närmare på vår sida av den här tiden

Då det är en ynkrygg som sköter världens affärer på distanser av ömkligheternas

Enda riktigt slutgiltiga föreställningsvärldar i våra oavsiktliga insikters värden

Som om det vi helst av allt skulle göra i släpljuset vore att förminska oss själva

På det där sättet vi alltid genomgående föraktat när det dyker upp hos andra

Men, tydligen, gärna accepterar hos oss själva och de vi anser vara våra kumpaner

På den här färden genom det gotiska landskapet vi

tenderar att kalla vår hembygd

Som om det skulle kunna förändras bara av vad vi kallar
den sins emellan oss

När tiden indikerar att det vi är de som tycks vara helt
ute och cykla i spenaten

På ett förnedrande sätt vi aldrig riktigt förlikat oss med
såhär på tumanhand

När de mest distinkta uttrycken för vår situation leder
oss vilse i salladerna

Av alla de tankar vi tycker oss ha rätt att låta cirkulera
i våra stolta huvuden

Utan att det allra minsta framstår som om det har någon
slags betydelse längre

Åtminstone inte i sådana sammanhang vi önskar att
betydelsen framträdde som allra

Klarast, utan att vi på något sätt kunde sluta agera på
de där signalordens

Envetna retning av våra impulsers mest intrikata
uppfattningar om vad som ska göras

Med livet inom oss, och det som är livet omkring oss,
på ett slags avstånd

Utan att våra pulserande tankar på något sätt minskar
i intensitet och signalstyrka

Klagomålen ur det förflutna förföljer oss längs rännarbanans oavslutade kanthäckar

Som om det vi helst av allt vill undvika att hålla oss till
i det frånvarandes mittpunkt
Kanske till och med en smula vid sidan av den sista
allfarvägens mest slitna partier
Som till sitt försvar kan hävda vilka svagsinta som helst
av alla möjliga invändningar
Numera spelar det alltför liten roll för att vi ska hålla
oss undan i smälekens tidevarv
När alla möjligheter tycks ha gått i kvav i vårt ensamma
hav av insikternas baksidor
Med det där lätt ironiska leendet klistrat över hela
universums enstaka uppfattningar
Utan att vi för en enda sekund tvivlar på att vad vi är på
jakt efter ska hittas till slut
Om inte annat för att det är så kakan smulas sönder i
motståndets akrobatiska form
Utan att vi någonsin kommer att hålla oss undan med
det innersta allvarets upptåg
När det inte ens räcker med att vi slutgiltigt håller oss

undan för att dela ut oss själva
Som om det vi skulle göra är en del av det vi egentligen
redan borde vara färdiga med
Utan den där sista sidfinishen som vi aldrig skulle
komma oss för att efterapa igen
Så vilsna som vi tycks vara är det ett under att vi kan
komma tillbaka redan nästa dygn
Som om det vi helst av allt skulle vilja undvika är det vi
nu kan domdera om att vi
På sätt och visst redan har klarat av, utan att vi ens
behövt vända på slantarna denna gång
Redan det ett under att se upp till, som om vi aldrig ska
komma vidare i grottekvarnens
Enahanda uppdrag och så svårvunna insikter om vad
den numera innerst inne går ut på
Utan att vi ens kan föreställa oss tanken på att det inte
skulle handla om oss i första hand
Eller ens i något senare led av våra så hoptvinnade
tankekedjor längs vägens lopp
Där de gamla avarterna så tydligt tecknar sig mot allt
vad vi ska kunna minnas dem för
På ett sätt vi egentligen är helt främmande inför och tar
avstånd till, på avståndets alldeles egna villkor

Råstavandet i alléns sista böjar innan vi når fram till verbens sista by i detta landskap

Är det ultimata svaret på våra så nätt inlindade frågor
till oss själva i grådisets kurvor

Utan att någon, för en enda gångs skull, ska leta vidare
under de sönderkörda dikena

I denna frånvarons eget konstruerade landskap utan
minsta anspråk på sanning

I den meningen vi vanligen har hör den förklaras för
oss av de som tror sig veta

Kanske till och med utan den smula anständighet som
alla affärer kanske kräver

Av sina utövare, bortsett från att inte alla lever upp till
denna så aktningsvärda norm

Utan snarare tycks se det som riktigt eftersträvansvärt
att bryta mot all affärsetikett

Utan att ens ha en skugga glida in i det egna samvetets
fuktiga källarlokaler

Där det möjligen skulle kunna vara till vår fördel att vi
inte varit inblandade alls

Bara befunnit oss på samma plats vid ungefär samma
tidpunkt just den veckan
I ett av våra försök att slita oss närmare in i allt det vi
ska låta oss själva undvika
På det där oefterlikneliga sättet vi alltid hållit så högt i
vår värdegrunds statuter
Utan att vi någonsin drar över tiden den allra minsta
onödig minut för att sko oss
På att de andra inte riktigt förstår det här spelet och de
finesser vi har snappat upp
Som om det vi så länge undvikit ska ta oss en bit vidare
på den sidan av livet
Som vi till vår största förvåning ska leta oss in i på ett
myllrande allvarligt vis
Kanske till och med hålla oss långt undan i alla våra
uppskojade miner och stråter
Där den minsta skillnad ska lära oss att omedelbart hålla
oss undan våra egna idéer
När just de där idéerna skulle kunna vara så underbart
unika att vi vill stämma alla andra
Som råkar tänka i liknande banor där vi naturligtvis
hävdar plagiat och härmning

Så det hela rinner nästan ut i sanden på grund av alla försvar av vad vi tror är vårt

Slitna kvarter skulle inkorporeras i den allmänt
förekommande uppstudsighetens hov
Utan att vi på så vis skulle kunna komma en enda meter
närmare vårt slutgiltiga mål
Som nästan skymtade, av och till, långt där borta i den
fjärran imaginära siktpunkten
Kanske på det där sättet som vi i alla tider hade tyckt
oss vara en del av under måltider
Vi kunde inmundiga i så avståndslösa och kravlösa
efterapningar av de människor vi
Ville att vi skulle kunna vara om vi bara betedde oss
aningen bättre än vanligt
Som om det egentligen skulle kunna spela någon
avgörande roll för oss i långa loppet
På det avstånd vi höll oss för goda för att utnyttja kändes
det ganska behagligt just nu
Fast vi ändå inte riktigt förstod farorna som lurade bara
runt det närmaste gathörnet
Som var en slags avskiljare mellan den väg vi befann

oss på och den vi ville välja

Under alla de där timmarna vi oavlåtligt försökte rannsaka oss själva noga under

Den tid vi lade på att korrigera alla våra gamla fel och brister i Stortorgets skugga

Som om det inte längre spelade någon helt avgörande roll för vårt väl och ve

Utan väl snarare skulle komma att ligga oss till last om vi propsade på det

I de skeenden där vi på sätt och vis både deltog som regissörer och medaktörer

Utan att det för en enda minut tycktes oss vara så malplacerat i en tid som denna

Där alla våra kännbara fadäser skulle få oss att inbilla oss nackdelarna i första hand

När de egentligen inte längre spelade några sådana avgörande roller i vårt agerande

Utan mer kunde betraktas som ett slags prototyper till viljelösa åsiktsmaskiner

Där poängen skulle vara det som hindrade oss ifrån att brisera i skymningsljuset

Utan att en enda gång förefalla osympatiska på minsta sätt

När vi aldrig har närt viljan till ondska briserar sängkammarens fönster

Eftersom allt detta pekar på något dolt och subversivt som stora delar av drömvärlden

På den sida av bakgatorna vi törstar ihjäl längs under snålkalla nätters avigsidor

På det där enerverande viset vi aldrig ska komma tillbaka till att kunna hålla oss undan

Utan den sista spiken i våra skolbänkar som resultat av allt vi så läng undvikit

Att ta del av på den sista sluttande sommarängen utanför våra svarta källarfönster

Där allt det mörka innebär en kontrast mot den ännu mörkare kulören inombords

Och stannar långt innan vi hunnit in på barndomens Fruktcentralen vid Fridhemsplan

För att stanna ytterligare en stund i allt det där barnsliga som vi förstår är skyddsvärt

Och möjligen är barnsligheten våra sanna jag i en alltför vuxen maskeradkostym

Utanför alla de lysande skyltfönstren längs återtåget till

sovrummets infantila drömmar

Om allt det vi en gång ville åstadkomma och ta tag i med helt resoluta handgrepp

Vi kanske hade nästan glömt från de österlenska vinterstormarnas järnhårda famn

Vi känner igen oss igen i de så snabbt utplånade fotspåren i de vindpinade dynernas

Slitsamt återställda under vidriga omständigheter på en areal som känns övermäktig

När vi försöker piska vinden tillbaka över gränsen till vårt gemensamma samarbete

Utan att det en enda gång visar sig vem som går före, och vem som följer efter

På det där förment japanska manéret vi alltid varit så fascinerade av under livets lopp

Som om det skulle kunna betyda något långt mycket mer än vad vi håller för troligt

Givet att alla vetskaper inte längre håller sig lika förunderligt stilla på mattan som vanligt

Så saktar vi in vår ansats till att endast gälla de som var med från allra första början

Och knappast det, vi vill långsiktigt elitisera livets hela gång, omedelbart och med ens

Så oändligt långt innan vi träffade
varandra på den där restauranten på
Andra Långgatan

Var vi egentligen redan på väg åt det hållet, med lite
hjälp från mer skumma bekanta
Än vi någonsin senare skulle lära känna, som om det
slutade där i utkanternas periferi
Med den absoluta övertygelsen om att vi ska hålla oss
undan i allt det vi förlorar oss i
Som om det egentligen inte skulle vara det mest
rättfärdiga vi hade fått för oss nu
Utan mer en slags tanke på det svamlande och svirrande
språkets egna förutsättningar
I den fuktiga oktobernattens bistra vindar av dikter vi
aldrig mer skulle kunna skriva
Hem om och berätta varför de inte blev som vi hade
förutskickat i anteckningsböckernas
Oskuldsfulla sidor av möjligheter, som briserade i våra
slitna hjärnors företagsamhet
Som om det skulle dröja så mycket längre innan vi skulle
kunna vända åter i gryningens

Sista slarviga steppdansen på Järntorgets slitna
stenläggning en påbörjad morgon senare
Utan det minsta allvar under västen, snarare ett oavlåtligt
generande självupptaget ordsvall
På de gator vi fick den unika förmånen att befinna oss
under några förbryllande års tid
De där gatorna liknade andra gator i andra städer, men
befann sig just nu mitt i synfältet
Och vi hade inga andra val att göra än att navigera mot
den yttersta gränsen av vår förmåga
Som om vårt enda mål var nerrökta andraklasskupéer
på ett nattåg på väg därifrån
På det vanligtvis charmiga sättet vi alltid hållit som en
av våra största tillgångar
Utan att vi för den skull skulle kunna placera oss bakom
ett minimalt regnskydd på Heden
För att på så sätt eliminera kraften hos vädrets makter
under en knapp timmes tid
Då vi egentligen inte riktigt kunde förstå att vi redan
hade passerat utgångspunktens linje
I det ödesdigert sammantovade nystan av riktningar vi
för stunden ville få bättre kläm på
Som om det nu skulle kunna hjälpa oss att förstå de
andra en smula bättre till slut

Eftersom evigt skapande är det enda som oavbrutet fungerar på riktigt i långa loppet

När allting annat enbart brister i bitar av sitt inneboende motstånd mot framtida utsikter

Som om det vi helst av allt vill göra ska hålla oss på behörigt avstånd från varandra

Som om de mest allvarliga motsatsernas enahanda uppfattningar ska leda oss bortåt vägen

Den där enda slitna lördagsnatten vi tror att vi kommer att kunna överleva just nu

På det allvar vi av slentrian anfäktades av i alla nätter utan varandras kroppars fängsel

Utan vardagens blueshästar som sakta vandrade över tegen i månens likbleka strålar

Som om det skulle kunna vara något annat än framtid vi egentligen höll låda om

De där lasterna som belastade våra sinnen dygnet runt med allvarliga förmaningar

I den uppåtgående solens extravaganta kjolskydd på baksidan av ICA-butikens allvar

Som skulle hinna ikapp oss innan det ens skämtats om

att det åter skulle bli morgon

Innan den elakartade konfekten sticker in med sina biverkningar över hela fältets areal

På de där slitstarka fotsulorna vi aldrig någonsin hållit oss undan i alla de insatser

Vi ska kunna lära oss att vidmakthålla i det allra längsta perspektivet vi kan tillämpa

Utan att det för den skull kan betyda något annat än det vi anade från första början

När insatserna inte var så höga att vi riskerade att snubbla över dem i vår strävan

Efter att hålla oss på banan på det där lite putslustiga sättet vi brukade använda slarvigt

För att det skulle verka som om vi vore lite mer spontana än vi egentligen hade fog för

Åtminstone på det sättet vi aldrig skulle kunna hålla oss på avstånd från i detta nu

När det absoluta manéret vi vill lära oss att hantera inte längre är lika gångbart

Åtminstone inte på det sätt som vi från början hade tagit för givet att det gällde

Speciellt i de mankerande delarna av allt vi hållit oss undan från att betala av på

Då leker vi ännu med sekundernas svall av möjligheter på den breda vägen

Som inte längre tycks leda till helvetet, utan snarare är
omöjligheternas tillflykt
I den svala gryningens enormt påkostade stoppvindar i
den blekaste ljusmattan
Utanför vårt fönster mot Haga Nygata en november i
det förflutnas ödsliga kvarter
Som om det vi hållit oss för fina för att delta i nu är nu
våra hetaste passioner
På det enklaste sättet vi aldrig ska förstå hur vi fattar
mot eller med i utförsbacken
Och det vore oss naturligtvis helt främmande att kosta
på ett riktigt avgörande val
Mellan det vi försökte och det vi ville göra med oss själva
i motljusets enda skära
På det alltför slippriga betonggolvet i utmarkernas
slaktbodar där vi leker sommar på nytt
Utan den där beska smaken av bikarbonat och
outhärdliga smärtor efter skymningen
Där de absolut sista insatserna bör göra på nytt, om vi

inte ska kunna hejda oss

Men, det måste påpekas med emfas, vi är inte de som startade alla de här fejderna

Det var antagligen någon helt annan, ovisst vem, som var skyldig till de övergreppen

Där den som anlände sist till sina utmarker blev utpekad som oseriös och lat

Utan att det egentligen fanns några föreskrifter om hur det hela skulle hanteras

Åtminstone inte när vi hållit oss undan allt det påträngande på vanligt manér

Utan att vi en enda gång kunnat förmå oss återvända från det förflutna igen

När vi nu hade orkat ta oss ända dit, utan att använda syntetiska hjälpmedel

Vilket vi var stolta över på ett nästan överdrivet, för att inte säga larvigt, sätt

Och allt vi hållit oss undan var det allra enklaste att suga in oss i som ett allvar

I all den farsartade framställning som på sistone tycktes utgöra vår enda vardag

Och sakta tynade bort i samvetets omedelbara och vackert perifera irrgångar

Beslutsamheten i den tidigt grå gryningen är frukten av nattens älskogsmysterier

Om de brister i saknadens enerverande upptåg i nervsystemets ensliga korridorer

På det där enahanda sättet vi ibland kan fördra, men oftast inte står ut med

Eftersom vi på goda grunder postulerar att det inte leder oss dit vi verkligen vill

Som om det fanns en optimal stig genom livet för oss att slingra fram längs

På avigan eller rätan spelar ingen teater i just dessa ögonblick av total tystnad

Om det som vi helst av allt, i nattskuggan, skulle kunna undvika att förstå oss på

Fast vi egentligen inte hör hemma i den där avkroken av livets snedvridna scen

Utan mer sliter för att bara kunna hålla oss undan alla improvisationers utbrott

I den förslavande grottskriftens alltför enahanda upprepningar av dåtida motivregler

På samma sätt som när vi medvetet höll oss undan livet

Den ludna dörren III: Förbannelser

i månader och långa år

När livsandarnas utbrott egentligen kanske handlade
om något helt annat i vår fortsättning

På den där bryggan mellan förvärvsarbete och vad de
kallar fritidens ekonomiska troll

På det vanligtvis oförblommerade manér de verkligen
inte inser att de annonserar

Allt det dåliga på ett mer distinkt sätt än inom många
av de andra mediernas utbud

Som om allt det vi ska undvika är en sliten hälsning från
det förflutnas bakgårdar

I ekande fotstegs rassel, utan minsta möjlighet till
avancemang på livsstegens pinnar

På den gatstenens dova dämpning av stegens ekon i
svall mot husväggarnas famn

Som om de sista insatserna på nytt har gett oss avsteg
från våra förväntade insikter

I all den inmurade eskapism vi ska leta oss vidare genom
på allvarets sista stigar

Där avgörandet kanske ändå blir den sista stridens
allvarligaste uppfattningar

Som en furietanke brister sönderfallet i sömmens distinkta utkanter

I alla de led vi så länge har försökt att undvika
konfrontationernas efterdyningar
Där vi slutligen landar, varje kväll, i bristande empati
och generell motmänsklighet
På det sättet vi skulle kunna göra mer för världen, det
inbillar vi oss oavlåtligt
Utan att en enda dag undvika de skarpa kanterna i
tillvarons slätstrukna utkanter
Med reflektioner över hur livet kan te sig tre trappor
över den kollapsande välfärden
På den sidan av det pompösa kvarteret vi helst av allt
ville undvika att flytta till
Men, som slumpen så ofta dirigerar våra liv hade vi inget
att spjärna emot med
Utan landade bland människor där pretentioner var
dagens bröd under alla veckor
När året snurrade runt sin sönderskavda axel av
outsinliga motståndsfickor
Som skulle kunna innebära andra val, andra vägar och

ett slutgiltigt rosenrött kaos
Vid sidan av allt det som ändå måste genomföras av alla
kasserade framgångsidéer
Som innebär att dessa ska lufta sig på baksidan av
samhällsdebattens krior av hat
Utan minsta uppfattning – negativ eller positiv – om vad
livets innehåll ska vara
På det sätt vi alltid trott vara det rätt i alla de motstridiga
uppfattningar vi hyste
Så länge vi befann oss i vindens riktning och lurade
vidare in i sanningens avbild
På sidan av alla de tankar det där kom att generera,
oavlåtligt och allt framgent
När vi verkligen trodde på våra egna fantasier om vilken
riktning vi rörde oss i
Som om vi verkligen hade kapacitet att bedöma det en
enda gång i all förvirring
På den sidan av verkligheten vi fördrog att hålla till på
under alla vardagarna
När vi visserligen kunde ta oss framåt, men samtidigt
var så slitna att det inte räckte
Med 'en god natts sömn' för återhämtningens milda
belöningar i skuggorna

Så, vi talar ut med varandra, som om det skulle hjälpa oss ut ur detta dödläge

På det vis som just den här terapin ursprungligen var tänkt och blivit konstruerad

Vi kan enbart räkna alla timmarna, dagarna och åren innan nästa terapisession

På den här sidan allvaret och leken, som en utväxt i hjärnan på de som deltar

Utan det allvar som stunden antagligen skulle kunna kräva av seriösa satsningar

På det sätt vi helst av allt ständigt har undvikit att reellt förhålla oss till i längden

Som om alla de önskningar vi har delat med oss av ska komma till korta just nu

Och inte leda oss in i något som helst förbättrat läge i livskarusellens krumbukter

På denna sidan av rågången mellan lek och allvar i stundens så komplicerat intrikata krav

Från individer som inte deltar i våra liv med den glada nybyggaranda som besjälat oss

Så länge vi kan minnas varandra i detta motlut av

ångestar som briserar i närheten

Långt bortom såväl Stadsparkens, Stortorgets och
Storgatans eminenta imitationer av stadsmiljö

På denna sidan av ovädret denna gång, men det kan
vara rena tillfälligheten, tycks det

När vi försöker studera situationen med mer allvar än
stunden tycks kräva av oss

Just i detta nu, som briserar runt omkring våra
boplatsers vankelmodiga dörrposter

Där allt tycks leda mot något vi aldrig riktigt kunnat
föreställa oss förrän vi var där

På den sidan av stadsvallen som tycktes så väl tilltagen
till en början, men var betydligt

Mindre än vi ens hade kunnat föreställa oss om vi
reflekterat djupare över dess innebörd

I förlängningen av dess kritvita anlete i skuggorna borta
vid soptunnornas avskildhet

Där det forna levernet inte längre kan hålla måttet för
vad som ska kallas helt drägligt

När vi betraktar det mer ingående än vi gjorde till en
början i detta oavbrutna rävspel

Simultant från alla håll samtidigt, som om det nu gäller
att maximera det totala sveket

I de saknade skuggornas löften om en annan världs inavlade tankegångar och slutsatser

Håller vi oss på vår sida av den oberörda intighetens
uppfattningar om frånvarons tillväxt

I alla de slutledningar våra kärlekar håller oss undan
från i det slitstarka argumentet vi minns

Från alla de insatser tanken på vår sida ska leda oss in
i avarter vi aldrig mer ska minnas

Som om de med ens kan hålla sig undan i våra oavvisliga
krav på eftertänksamheten

I den enerverande tirad av slutsatser vi ska hålla oss
redo för att våra insatser till slut

På det där märkliga sättet vi alltid trott att vi ska kunna
hålla undan för den eviga tidens tand

På sluttampen av allt det insinuanta vi ska minnas som
våra oberörda avsikters insatser

När vi inser att vi aldrig egentligen har gett en enda
strid, vi har bara gjort ett uppehåll

Tillfälligt och avvaktande i våra uppenbara slutsatsers
obehagliga företag i livets ström

Som om vi aldrig skulle kunna nå, med oberoende,
utanför vår egen balkongs rostiga staket
När vi håller oss undan från de tankar som ska brisera
i vår avsiktslösa uppfattning
Om vad vi egentligen ska hålla på med i detta kvarters
absoluta mittpunkters avlopp
På det sätt vi trodde att vi hade valt bort som ett
underlägset alternativ till några bättre
I slitytan på våra egna själars allra som mest
verklighetsfrämmande uppfattningar om de där
valhäntheterna
I våra försök att hålla oss undan de flesta av dagsljusets
mest brutalistiska avslöjanden
På avigfsidan av allt det vi ska leda oss i bevis för att
retirera en aning mer komplext än tidigare
Som om det enda vi bevisligen kan företa oss är en
repetition av det vi redan gjort
Utan att vidare reflektera över hur det nu ska kunna
hänga samman med baksidans blues
I alla de koftklädda publikernas åsyn i ett stilla, allt
kyligare, augustis påtalade misslyckande
Som om det var vi som skulle ta på oss skulden för att
det landade i denna katastrof

Nu lever vi plötsligt i den inbillningen att tiden så sakteliga tycks vara på vår sida

Utan att vi på något sätt riktigt kan tydliggöra hur vi kommit fram till den slutsatsen

Och vi vidmakthåller den här uppfattningen in absurdum, som om den vore viktig för oss

Men inget kunde vara mer felaktigt under alla dessa dagar vi sliter med att samla in

För att dela med oss av allt det slätstrukna som vi numera är fisförnäma nog att kalla livet

Som om vi har något slags tolkningsföreträde på vad ett liv ska innehålla eller inte

På det där gravallvarliga manéret vi förr inte alls gillade, men som vi nu tydligen omfattar

Med den brutaliserande entusiasm som vill antyda att vi alltid har sneglat åt det där hållet

Under tiden har alla våra forna bekanta och vänner legat lågt och bidat sin evinnerliga tid

På ett sätt vi aldrig riktigt kan förstå att de var mäktiga, åtminstone om vi ska vara ärliga

Som om det finns något motsatsförhållande i det

ställningstagandets grundförutsättningar

Utan att vi ens kunde ana att vi var våra egna förföljare
i den mörka nattens spökerier

Där det slätstrukna varit ett genomgående tema för alla
våra initiativ i natten

Alldeles bortsett från vad vi innerst inne skulle kunna
hålla oss undan från i allvarliga

Syftningar på den distansering som varit naturlig mellan
oss och de som inte är som vi

Fast vi kanske skulle ha sett en smula, eftersom de andra
sysslar med samma antagonism

I djupet av sina ruttna själar och motbjudande 'insikter'
i livets hårda skolas meningar

Utan den sista skälvande tanken på livet vi helst av allt
ville lära oss att kunna undvara

I den fortsättning vi alltid föreställt oss att detta nu skulle
kunna innebära en smula framledes

Utan de snabba skiftningar vi ju helst av allt ville undvika
att lära oss att hantera

Med tanke på allt besvär det skulle kunna innebära om
vi undvek det helt och hållet

När vi inte längre fattar innebörden av alla begrepp vi låtsas hantera varje arbetsvecka

Är det möjligen inte dags att omedelbart göra vissa omprioriteringar i vår slitna existens

För att vi ska kunna hantera våra envist inbyggda motsättningar på ett mer elegant sätt

Som om en ytlig polityr skulle kunna förändra något väsen som i grunden är så statiskt

Att ett sturigt urberg förefaller vara ett under av vighet och rörlighet över förortsstäppen

Utan att vi någonsin kan hantera våra inbyggda motsättningar på något positivt sätt

Som skulle kunna komma att räkna oss tillgodo i den slutliga räkenskapens timma

Oavsett vad den ångande asfalten i gatukorset skulle kunna ha att invända mot vår idé

Utan att ta till överord och lägga oss dem till last i våra enkla förutsättningars åkarbrasa

För att vi inte ska bli de allra sista att hålla oss undan den där utgårdsmentalitetens åkarbrasor

Som så gärna avslutar varje färd längs de mer belysta

delarna av Haga Nygatas stenläggning

När vi av nödtvång ska återvända till vår utdelade roll i
samhällsteaterns usla enaktare

För att de sålts på något överskottslager och någon har
passat på att samla på sig ett gäng

Som kan vara bra att ha framöver, när de nu levande
författarna vill ha betalt för sitt arbete

Som om det skulle kunna försörja dem att beskriva vad
andra gör och tänker omkring dem

Eller begrunda det numer slutna rummets estetik mot
motprestation i form av penningar och guld

Utan att för en enda gångs skull hålla undan när
bryggarkuskens spöke dundrar fram i natten

På det där göteborgska manéret skrikande: "hallå, eller!"
som om det vore alldeles självklart

Att just detta uttryck vore det bäst lämpade i denna
amputerade saga om storstadslivet avigsida

På det gamla viset skulle allt detta ha gömt i snö och
kommit fram i hö, som de gamla sade

Utan att vi en enda gång ställde oss frågan om vad det
egentligen betydde för oss, just nu

Som om det skulle ha gjort vår tillvaro enklare på något
sätt vi skulle ha märkt av

När vi fortfarande kunde känna oss nöjda med att gårdagen hade förlöpt utan olyckor

Verkade det ändå som om vi aldrig skulle komma vidare längs trädgränsens osynlighet

Som om det vi nyss blivit varse i alla våra slitna port- och motgångars enerverande dunkel

På ett visst sätt en föraning om vad som komma skulle i allt det motstridiga inom oss

Och de väntade effekter vi inte kunnat förutse när vi lade oss tillrätta på våra liggunderlag

I en gnistrande kall natt utan att ens riktigt fatta hur farligt det kunde vara för vår hälsa

Att somna i den snabbt förlamande kylan vi aldrig skulle kunna vinna över på något sätt

När vi ständigt påminns om dess dödliga effekter när det handlar om andra individer

På avståndet mellan oss själva och de andra som håller undan för vår framfart blir vi less

Snabbare än på det vi en gång menade att vi aldrig skulle ha den minsta aning om just nu

Den ludna dörren III: Förbannelser

På det sätt vi noggrant hade valt ut att hantera alla våra slappa insikter med och utöver

Det vi hade med oss från den början vi aldrig skulle kunna hantera på ett slags allvar

Som skulle vara menat att hålla oss om ryggen i alla de slitstarka ögonblick av lycka

Vi inbillade oss att vi aldrig åter skulle kunna undvika att ventilera på det nya avståndet

Som skapats av de känslokylor vi hade anledning att hålla oss undan för just denna stund

Eftersom de stunder vi hittills hade lyckats undvika var av en helt annan sort än tidigare

Då vi hade haft bättre koll på hur utvecklingen tycktes gå längs alla våra gamla rutter i livet

På det sätt som numera tycktes oss så invant att det brast i skarvarna på nya vägars egna sätt

Som skulle uppbringa alla de avsikter vi hade menat skulle hålla på det här avståndet

Och inte brista ut i gapskratt den allra första dagen vi ledde oss in i allt det slutgiltigt stängda

På den sidan av vår avigsida som skulle bringa in fåren snabbare än någonsin tidigare

Då alla de slätstrukna betygen skulle gälla som arbets-intyg i jakten på det slutgiltiga målet

I de mest saknade avsnitten av våra snålt tilltagna ransoner av omtänksamhet svalkar det

På ett ödesdigert enkelriktat sätt vi aldrig skulle ha kunnat tänka oss bara några år tidigare

För att hålla oss undan i allvarets alltför enarmade uppfattningar om det slutgiltiga skeendet

Utan att vi någonsin hållit oss undan med det mest allvarliga vi gör insatser kring

Som om det nu skulle kunna bli mer intensivt än vi tidigare kunnat föreställa oss

På den sidan av verkligheten som vi är mest vana id att betrakta som den "vanligaste"

Alldeles oavsett dess frekvens i befolkningens så enkelriktade uppmärksamheter

När vi var alldeles redo att hålla oss undan i slitet med att övervinna våra egna farhågor

Som om det inte riktigt räckte till för att orsaka oss andnöd och plikter vi inte vetat om

På den sidan av staketet vi aldrig kunnat förstå hur det skulle ge oss anledningar att dö

I den uppförsbacke vi aldrig gett oss in i att forcera

alldeles på egen hand i motlutet

Utan alla dessa förmaningar vi gett oss till att förstå på det där slätstrukna sättet vi avskyr

Som om vi fått för oss att vi skulle vara så speciella att normala regler inte gäller oss

I syrenbersån kan vi alltid gömma oss för de som inte ska hitta oss i vår egen version

Av livets egna teaters uppsättningar av vardagsscener från Niederbayerns grå landskap

Som nästlar sig in i vår hjärnas synapser på ett tämligen påfrestande sätt för att styra oss

På det där avskyvärda sättet vi alltid har försökt att undvika så gott vi kunnat

Utan att någonsin hålla oss helt och hållet gömda i en underjordisk gång med utgång

Någonstans på grannarnas bakgård, där det är osäkert om vi kan ta oss ut på gatan

Genom den troligen låsta porten, utan vridgrepp, utan med kodkrav, då blir vi en aning

"Lessna i ögat" som det kallades i den förort där jag råkade växa upp under 1960-talets mnest lovande år

Om vi aldrig skulle kunna uppnå de mål vi oavbrutet låter dyka upp runt omkring oss

Skulle det onekligen kunna innebära en katastrof för oss, åtminstone i mindre skala

Som om vi aldrig skulle kunna hålla oss undan i allt det slutgiltiga vi tar avstånd från

När vi verkligen vill kunna delta i allt vi funderat kring om vi verkligen ska närvara vid

På ett sätt en onekligen vanartig tanke, men ändå ständigt närvarande som den egna själens

Så oefterhärmligt snäva avståndstagande till de egna görandena och låtandena i vår närmiljö

Där det mest slitna av alla uppfattningar kan ge oss en anledning att förstå vad det är

Vi just nu tycker oss vara sysselsatta med i vår så slutgiltiga uppfattning och bergskedjornas

Utbredning i våra minnesbankers ständiga erinran om att vi är inte därifrån vi tror

Utan snarare från motsatsernas igengrodda bakgator med stenläggning från 1800-talets slut

Och med minnen från explosioner om nätterna som drev oss bort från utemiljöns faror

Till en inre exil som skulle komma att vara i decennier framöver, utan möjligheter till

Anknytningar vi helst av allt ville lära oss att avbryta i vår jakt på skugga och mörker

Där våra insikter kanske inte blev de vi helst av allt önskade att de skulle komma med

I den slutliga uträkningen, på ett papper med utskrivna formler från en förfluten epok

I alla de motsatser vi ska hålla oss undan från att delta i med ett genomstunget allvar

Vi förvånade oss själva genom att besitta i alla våra som mest allvarliga konsekvenser

Utanför de tankevärldar vi aldrig blivit inbjudna till med vare sig grace eller erkännande

Då vi slutade att bry oss om vilka skuggor som än följde efter oss in i nätternas kyla

Och de filosofiska tal vi oavbrutet var igång med att förbereda skulle aldrig någon höra

På den avlägsna planet vi trodde vi hörde hemma på i dessa gatlyktors utpekande sken

På den stulna sidan av verkligheten vi denna morgon, med ett ryck, hade vaknat på

Om saknadens sista toner ska flyta ut över den solkiga vägens slätstrukna asfalt

I det mest slitstarka vi har uppfattat att vi ska kunna
dela med oss av i allt det åter så gamla
När det lackar mot kvällar som aldrig mer ska kunna
återkomma så länge vi lever här
Och är åter på den sidan av verkligheten som är den
allra mest svårgripbara av alla
De varianter vi ens kunnat föreställa oss i all dessa gräl
om det oförsonade livets
Alldeles unikt förställande elixir på det där giftet vi aldrig
mer ska bruka i detta nu
Om vi inte kan vända tvärt på klacken och försöka ta
om det från början igen
Som om det skulle kunna vara möjligt i alla våra inbillade
åsikters uppfattningar
Där det allra sista uttalade kommer att vara det som
gäller allt framgent över gränsen
Till det liv vi inbillar oss att vi håller ut med att se till
att vi kan försnilla oss
Från det på ett smart och ganska livsdugligt sätt i den
mörka nattens omfamningar

Den ludna dörren III: Förbannelser

För att just de ska kunna vara det enda fasta vi håller
oss till i slutfasens upptakt
Så att vi aldrig mer ska kunna hålla oss undan det räfst
och rättartingliga i livet
På det avstånd vi alltid hållit oss undan med den där
allvarsamma minen från förr
Som skulle kunna ha en innebörd vi aldrig mer kommer
att tjata oss till i månsken
Där vi befinner oss i fokus av alla de påfund som
omvärlden förvirrar oss med
På det där sättet vi aldrig ska lära oss att hålla oss undan
i motsträviga känsloknutar
Vi aldrig kunnat föreställa oss att vi skulle fångas av i
vindens förvillande smek
På den sidan av själen som är som allra mest mottaglig
i månskenets inverkan
Och de snabba variationerna av själslig andakt det skulle
kunna bringa oss
Om vi inte längre riktigt förstår vad det är vi sysslar med
i andaktsfulla morgnar
På den här sidan av gränsen mellan oss och de andra,
de som inte riktigt följer

Som om det vi gör och behöver skulle betyda mer än det förefaller

I alla de förslitna portgångar vi väntat på de bättre tidernas sena ankomst i natten

Som ett diagnosticerat äventyr utanför den förkättrade vardagens inbillningar

Av de avslutade kärlekar vi aldrig ska kunna glömma en sekund längre i mörkret

Som om det vi nogsamt försöker undvika är vad vi egentligen är på jakt efter

Utan att ens förstå de vinkar våra tankar skapar för oss under jakten på lycka

I futila försök att hålla bäringen på det väsentliga under alla livets krumbukter

På den sidan av den bisarra verkligheten vi så nogsamt ska hålla undan för i längden

Utan att vi fördenskull menar något med vår hårt exceptionella hållning i debatten

Så att vi egentligen avslutar varje anförande med att citera våra egna ord från tidigare

Med den speciella poängen att det inte längre rör sig om citaten själva

Utan mer om deras oavvisliga innebörder i riktningen
av deras effekter

Som om det aldrig skulle kunna fungera med något
slags allvar i allt det mörka

Längs husgavlarna, och i skuggorna, bakom våra egna
idéers outtalade dunkel

Som en återspegling av våra subversiva rön av
livskunskap vi gjorde redan under 60-talet

När vi trodde att livet var ett slags lek i de dunkla
garderober vi aldrig besökte

På avigsidan av våra slutgiltiga summeringar av vår
livslufts enbent enahanda intryck

Som tycktes så tydliga och fria från allehanda
belastningar redan på den tidens trottoarer

I alla våra begränsningar försökte vi på sätt och vis dela
med oss av avigsidornas kunskap

På det charmiga sätt som bara boklig lärdom har i
kontakten med verkligheterna

Under det enahanda arbetet med att utarbeta någon
slags översikt över livets krumsprång

Där avvikelserna är fler än det regelbundna någonsin
kommer att kunna uppvisa

Då kunde allt så tvärt förvandlas från de stilla dagarnas jämna lunk

Till någon slags erotisk grötlunk vi aldrig kunnat förutse

hur vi än ansträngde oss

På den sidan av verkligheten som vi för det mesta höll

oss till i alla de slutna rummen

Där vi försökte jaga rätt på vår förlorade barndom i allt

det så uppenbart enkla

Och allt det som vi försökte glömma om våra bakgrunder

och förlorade framtider

Utan en tillstymmelse till ensidighet, utan fastmer

ytterligare tankar på omvärlden

Som om det vi saknade mest av allt var det vi visste att

vi aldrig kunde nå fram till

När det gällde att snabbare än tåget finkalibrera våra

mest iögonenfallande brister i hög fart

Genom den natt som vi insåg ständigt upprepades sedan

explosionerna hade tystnat

Efter bombattentatet i Haga när vi egentligen skulle ha

befunnit oss på den platsen

Som om det av någon anledning ändå fanns någon slags

skyddande ande i området

När vi inte ens trodde på att förekomsten av sådana
skulle vara någon slags realitet

I allt det obskyra vi i övrigt sysselsatte oss med i nattens
så extremt allmänna ordalag

För en saknad av den magnituden fanns det ingen term
som uttryckte detta mer exakt

Än de bluesriff vi snappade upp vid Korsvägen och bar
i hjärtat ända hem till Haga

Där de föreföll att höra hemma på de regnvåta gatorna
och bakgårdens ödsliga hjärtan

På det där oigenkännliga sättet vi aldrig mer skulle
kunna komma att tillåta oss

Eftersom vi på det sättet på lång sikt skulle eliminera
oss själva från ekvationen

Utan att för en enda minut sluta att sikta på något helt
annat än våra egentliga mål

I allt den slätstrukenhet vi äntligen accepterade att våra
liv var helt uppbyggda av

Utan att vi hade fått något ord med i laget, tycktes det
oss vid våra tillbakablickar

Som virvlade iväg genom grändernas kastvindar i den
helt släpfuktiga natten

Om det är svanarna, eller bara ljudet av deras långsamma vingslag som stör mest

I den snöpta kvällens oefterhärmligt överraskande
insatser i livets slitna kölvattens effekter
På den sidan av den södra vallgraven som vi helst ville
kunna undvika den här kvällen
Om inte annat för att det inte alls leder någon vidare i
färden mot morgonens ljusa
Uppfattningar om att just denna dag ska kunna bli långt
bättre än alla föregående
På denna sidan av Andra Långgatans stillsamma muller
utefter tidens slitna gång
Som om det möte vi helst av allt skulle vilja undvika är
just det vi måste ta itu med
I alla de inbjudande motgångar vi slutgiltigt ska
summera i alla våra slitsamma tudelningar
När bortkastade dagstidningarna slutar drivas av vinden
längs gatornas slitna stenläggning
Och vi aldrig ska försöka förena oss själva med det vi
hållit av mest under denna tid
Utefter de kanaler vi strövar längs i vindpinade nätter
utan tydliga gränser mot dagarna

Den ludna dörren III: Förbannelser

På det där avslappnade sättet som enbart naturen kan
orka med att prestera gång på gång
Utan att vi en enda gång slås av någon större förvåning
under alla de där åtagandena
Som i ytterst liten omfattning egentligen betyder mer
än startpunktens lokalisering
Som om de där punkternas exakthet innerst inne
handlar om något helt annat än livet
I de mest pådyvlade insatserna som vi kan beteckna oss
med avhyvlingar och smälek
Vi egentligen aldrig retat upp oss över att vi ständigt är
omgivna av under tankelekar
Om den innersta betydelsen av allt vi ska försöka
uppfatta som en klar tanke i steget
Mellan de futiliteter vi ständigt oroar oss för att de ska
drabba oss hårdare än förr
Som om det kanske inte har den betydelse de tidigare
lagt till i våra uppfattningar
Om det liv vi ständigt startar om i hopp om att det ska
förbättras en smula framöver
För att vi till slut skulle vilja dra ett streck över alla
kontusioner vi dragit på oss

När vi slutligen längtade efter alla händelser vi redan hade glömt att vi hade upplevt

Som om det antagligen snarare kunde handla om förlorade drömmar än egentliga minnen

Om den tid vi plötsligt hade insett att vi värderade så högt att den aldrig skulle

Bli det centrum i vår tänkta värld på nytt, utan snarare låna sig till andra ytterligheter

På ett sätt vi aldrig riktigt hade kunnat förutse i fönstersmygarna på Västra Vallgatan

Där dimman dolde lurblåsarens signaler i den vindpinade nattens slätstrukna mörker

Utan den minsta antydan till att det skulle kunna vara på något alternativt sätt

Som minnena i denna stund gjorde sig påminda på oavsiktligt svårfångade sätt

I alla de skrymslen av våra hjärnor som vi skulle återkomma till längre fram

I denna framställning av hur det var, enligt vårt sätt att betrakta och tolka världen

Som en återbäring av de elastiska tankarnas oeftergivliga

tolkningar av det förflutna

På det sättet vi aldrig mer skulle kunna återge ord för ord när vi på nytt kontaktades

Av det förflutnas hemliga agenter på jakt efter sådant vi inte riktigt kunde reda ut

Under fortsättningen av de amatörmässiga analyser vi skulle beställa av oss själva

I den slitna nattens krumbukter över självpåtagna felsteg utanför hank och stör

På det där enerverande sättet grubblerier kan tyckas uppvisa när den soliga morgonen

Äntligen kryper fram ur de solkigaste gränderna och prången på själens bakgårdar

Som om de bara väntar på att smitta ner oss med enerverande melodier och annat tok

Som långsamt, men kavata, stiger fram ur vårt gemensamma förflutnas eviga slutspelskorridorer

Där ett ja kan vara nej, men aldrig, till vår hugsvalelse, helt tvärtom

Som om det vi sorgfälligt har undvikit genom alla gränders vandring under eoner

På det viset vi aldrig ska kunna minnas något mer av på vår sida av verkligheten

När de slitna metaforerna slutar vibrera i det till synes oändliga motljuset

Är vi sedan länge på väg, bort från de ambitiösa nätterna, i alla sparsmakade utförsbackar

Vi enkelt skulle kunna låta åtala för deras förment negativa inverkan på vår sinnesro

I alla de slitsamma nätter då vi för stunden hade för avsikt att på nytt undvika allt framgent

För att vi i de värsta delarna av verkligheten skulle kunna hålla enstaka celler mer friska

Än alla de protagonister vi sånär redan har erbjudit att flytta in i vår slutna sinnesro

Där det innersta skiktet av självförsvar skulle inbilla sig något helt annat än de tankar

Som från början hade emanerat ur alla de där sociala rörlighetsmålen som en gång fanns

Som ett av alternativen i livets flervalsfrågetester vi sånär hade missat att delta i

Om inte annat hade det kunnat kännas en smula vidrigt att aldrig hålla undan

Från den del av historien vi lätt hade kunnat ta till oss, men vägrade att acceptera

Som ett giltigt argument i skildringen av den tid vi levde
vilt och ohämmat under
Som om vi aldrig skulle kunna slå oss till ro i en röd
liten stuga bland trollen på landet
Där alla de svar vi oavbrutet jagade skulle komma till
oss utan ansträngning
På det där viset som alla tror att man ”finner lyckan”
på, som om den inte hela tiden
Fanns där ute och mer är en slags fråga om mentala
processer än något annat i livet
På det sätt vi aldrig ska kunna återfinna om vi missar
det de första gångerna
Vi ställs inför sådana val som vi inte riktigt inser ska bli
nästan livslånga
I alla de försök vi gett oss till känna inför som om det
handlar om motsatser
Till de enkla tankar vi dagligen marrids av, i allmänna
ordalag mer ständigt pinas av
I alla de slitstarka uppfattningar vi skulle kunna låta
vara ifred utan samvetskval
I deras egen verkligheter sås enormt överdrivna
förlängning av våra slitna själar

Eftersom vägen framåt alltid tycks vara som en autostrada, utan begränsningar

Som förefaller oss vara den bästa delen av livet vi egentligen vill sträva efter

På det viset att vi aldrig skulle kunna iscensätta dessa stunder i nya sammanhang

På det där slutgiltigt torftiga viset vi aldrig mer har anledning att reflektera över

När anledningarna till våra illusioner tycks stå i kö utanför torrdassen på gården

Där den så enormt bistra fukten och krypvindilar letar sig under våra tröjor i mörkret

Utan för de adressändringar vi någonsin har kunnat lära oss att leva med i skymningen

Där de snabbaste insatserna ändå handlar om det vi skulle kunna ta oss in i

Utan hjälp av de imaginära bultsaxar och kofötter vi mentalt ständigt bär med oss

Eftersom vi vill vara beredda på det där okända och det vi aldrig kan hantera så väl

Utan att hålla oss så långt ifrån våra drömmar som det bara är möjligt nuförtiden

Den ludna dörren III: Förbannelser

När vi egentligen har lagt alla planer till handlingarna
och nu kan se framåt, fria
Från planeringens enerverande betsel och seltyg i dessa
dagar av slitsamma övningar
Som kanske leder oss in i chimärer vi aldrig skulle kunna
hitta på av egen kraft
När vi snubblar längs stenläggningen i alla de drömda
gatstumpar vi ännu kan minnas
Som resultat av de sonderingar vi gjort djupt inom våra
sargade själars antipatier
Där för och emot snabbt byter plats för att tvinga in oss
i ett slags intellektuellt sidval
Utan de fördelar som sådana traditionellt tycks kunna
prestera utan ansträngningar
Under de sista nätter vi straffkommenderats att hålla
oss undan våra egna drömmars
Oavlåtliga krav på att vad vi gör ska kunna infogas i den
logiska utvecklingskurva
Vi alltid har lyckats hålla oss undan med allvarligt
nedslagna blickar från forna dagar

Precis som om de där tankarna skulle vara representativa för våra liv

Utan att ens snudda vid de brutala tankar som skulle
kunna brisera så långt i efterhand
Att de till synes inte kan påverka just oss ett enda smul
längre under färden mot vår fullbordan
Av den korta färd vi tycks ha missförstått för att vara
tillrättalagd och synkad med våra tankar
I allt det bortkastade vi kan se när vi kollar över axeln
mot spåren efter vår genomförda färd
På det där snarstuckna och något illasinnade sättet vi
aldrig kunnat hålla oss undan under alla våra år
Som vi inte ens kunnat föreställa oss skulle vara
förmögna att innebära oavsiktliga ömsintheter
I alla de hörn vi ständigt och riktigt måste runda under
strävandet efter att nå stadens utkanter
Men, kanske allt det där ändå enbart är en avart av vad
vi försökt skapa som en god vana
I alla de motsatser vi oavlåtligt försöker kombinera till
en slutsats vi ska enas kring
Som om det vi aldrig mer ska skymta vid våra egna
horisonters uppdragslösa inferno

Den ludna dörren III: Förbannelser

Där alla våra kasserade idéer på nytt dyker upp som
briljanta lösningar på gamla problem
Där vi sällan befinner oss i periferin, utan snarare utgör
centrum av detta kaos vi lever i
Utan att en enda gång stanna upp och reflektera över
vad detta skulle kunna leda någonstans
Som skulle kunna utgöra en punkt vi aldrig befunnit
oss på under denna sisyfosvandring
Där alla våra fotsteg inte bara räknas, utan också läggs
oss till last i vår egen periferi
Där oavsiktligt agerande inte längre räknas oss till godo,
utan mer utgör smolk på vapenskölden
Som ser alltmer gottköpsartad ut för varje decennium
som försvinner bort vid horisontens
Så försvinnande goda uppfattningar om vad som
"komma skall" i våra dagdrömmar
På den sidan av verkligheten där vi för tillfället råkar
befinna oss, inte utan möda
Och samtidigt med en viss stolthet över att kunna blicka
ut över livets inskränkta slagfält
Som för varje år tycks krympa i omfattning ner till ett
knappnålshuvuds storlek och betydelse

Så kan vi, dag efter dag, arbeta vidare längs den knappt skönjbara stigen

Som vi tror ska leda oss i rätt riktning genom det vanartiga landskapets ovissa skuggor

När vi på allvar kan ta oss in i det skeende som till synes länder oss till heder och ära

På det sätt vi helst av allt vill låta oss själva hålla till godo med i motsatsernas tombola

Där de illusoriska inslagen av verklighet blir alltmer bisarra för varje vecka vi tillbringar där

Med yrvakna ögon och så slitstarka skodon på den makadam vi aldrig tidigare brytt oss om

Hur de långa kajernas natt kommer att te sig i skuggan av alla nästan missade deadlines

På den sidan av verkligheten vi menar oss förstå vara framsidan, utan maskeringar just nu

Utan fast mer en slags oförbrukad tanke sammantvinnad med äldre tankar ur minnets

Oeftergivliga slutsatser och melankoliska attityder i vandringens mest akuta motlut

Som om det vi undviker till slut inte längre enbart jagar oss utan ligger före oss i spåret.

Som om det verkligen är vi som är på jakt efter det och
inte som vi först trodde, tvärtom

När alla de där tankarna ska sluta brisera intermittent i
våra avgrundsdjupa strupar av sång

På det vis vi helst av allt ville undvika allt framgent, utan
att ens anstränga oss

När vi jämför oss med de snöpta tänkarnas insatser på
slitstarka epitet om alla motståndare

Utan att vi för en sekund kan tillåta oss att slappna av i
allt det vi försöker ta oss för

Som om den slitstarka på botten av våra psyken nu ska
visas upp för pengar på Stortorget

När vi inleder vår omvandling i motljuset länga
Hornsgatans brusande aktiviteters infraljud

Som om det ska komma en annan tid, efter denna, för
oss att kunna lyssna med behållning

På alla de argument som oavbrutet kväks omkring oss
i den stilla nattens oavlåtliga stillhet

Utan det minsta gnäll från någon av deltagarna på det
sätt vi kan utesluta det allra värsta

För att utan minsta tvivel kunna upprepa våra
saktmodiga skämt om tillvarons innehåll

Tänker på oss två, som om det skulle finnas några argument mot alla tvivel

I den så enormt slitstarka motvindens enahanda vinande
längs Avenyns regnvåta gatsten
I alla de delar av våra sammanfogade kroppars och själars
oavsiktliga erfarenheters öden
På den sidan av de vunna realiteter som vi så långsamt
kan återanvända i våra lycksaliga offer
Utan all den pyntade marknadsmässiga attityden vi ska
undvika för eviga tider i natten
På det slitstarka vi återanvänder oss i motsatsernas
återvändsgränder av megalitiska
Offerstenar som vi aldrig ska kunna återse annat än i
våra drömmar om det perfekta livet
Vi vet att vi aldrig någonsin kommer att kunna uppnå
på den här sidan våra öppna gravar
I motvindens slitsulor mot regnvåt asfalt med blänkande
neoner i släpljusets enfalder
Som om det vore de som skulle anamma allt det
upphittade i våra fotstegs rassel
Vid sidan av den allmänna allfarvägens gränslinjer mot
fantasiernas tegelmurar

Den ludna dörren III: Förbannelser

Med de alltid återkommande uppmaningarna att hålla
oss undan från våra mentala rasrisker

Utan ett enda steg i onödan när vi återvänder till centrum
av manegen utan fusklappar

På den sidan av mikrofonerna och belysningarna i
motgångens enarmade korridorer

När vi tycker oss märka vad det egentligen ska handla
om i motgångarnas enfaldiga entréer

Vid sidan av våra portar till våra hjärtan och kanske till
och med våra själars centrum

På den sidan av motsatsen vi aldrig skulle kunna få syn
på i oavsiktligheternas hus

Även om vi ansträngde oss långt bortom våra skissartade
planer över framtidens arena

Där allt är motsats och inget längre i centrum för vad
vi kallar livsuppehållande aktioner

Som om det egentligen skulle kunna göra någon skillnad
för vad vi håller undan för

De strömlinjeformade tankegångar vi på avstånd har
tjusats aningen för mycket av

I de avståndstagande verser vi slutgiltigt sparat på stentavlor långt ute i skogen

Som om vi sparar något inför en oviss och delvis hotande framtids kommande sammanträden

Med de ofrivilliga insatser vi levererat till den del av verkligheten vi aldrig skulle hålla för

Troligt att vi på allvar ska förstå oss på i motsatsernas så uttalat enskilda uppfattningar

Utan den part i målet som skulle kunna driva oss in i allvarligare uttalanden än dessa

På det där sättet vi alltid kommer att minnas med en inre värme och avslutat allvar

Som om det skulle fattas oss de enklaste instruktioner för att hålla undan i natten

På det snarlika manér vi aldrig skulle kunna förstå i allvarligare samtals avslutningar

Och de snabba reflektioner vi skulle vandra i sällskap med längs dikena vid Folkets Hus

Där de falnade sinneseldarna från förr ska sluta avtal i vårt minne om flyktigt samarbete

På det sättet vi aldrig ska kunna minnas utan ett allvarligt inslag i gatubilden

Den ludna dörren III: Förbannelser

Med de konnotationer vi ska kunna glömma om vi inte
använder dem kontinuerligt
I alla våra allvarligaste avsikter utan att hålla oss för
pannan i förvånade grimaser
Som om vi skulle kunna begripa allt så mycket bättre
än alla människor i folkvimlet
Omkring oss på stadens alla slitna gator och så
sägenomspunna torg under promenaderna
Genom minnets oavslutade korridorer mot de där
oavsiktliga mötena vi ska glömma
Tillsammans med allt annat vi någonsin varit med om
under nätternas vila och dagarnas id
När vi betraktar det oavslutade som en stadig väg till
uppenbar frälsning av våra avsikter
I det oavslutades snöpliga maneger i fortsättningen på
husraderna i våra febriga hjärnor
Kanske till den milda grad att de själva kan avkortas till
fragment av sina egna avbilder
Utan att en enda sekund hålla undan för det vi skulle
kunna avkorta i alla famntag vi upplevt
På det sättet att vi för evigt kommer att behålla känslan
av dem på botten av vår existens

Vid sidan av livets enkla korridorer vandrar vankelmodet fram och åter

Längs kajens sparsamt upplysta stenläggningar i nattens
erbarmliga öken av mörker

I den dolda vinkel av seendet som organiserar allt det
vi hittills undvikit att betrakta

Med det allvar det skulle förtjäna om vi bara medgav att
det var rättfärdigat av alla

Som skulle kunna ha något att invända mot sanningens
underbart slitna profeter i mörkret

Där egentligen ingen ska kunna hålla undan för det så
förnedrande och obestämbara livets

Slitna fraser och ålderstigna argument om allas lika rätt
inför lagen och kärleken

Som om det skulle visa sig att vi numera håller undan
för något annat än vår egen tillit

I de så ömtåliga ögonblicken av sanning vi omständigt
försöker fly från längs kajkantens

Så enerverande korrekthet i alla stycken den numera
kan prestera i vår avsiktslöshet

Som snart ska ge sig tillkänna i motsats till det vi håller
undan från i livets korridorer

Där vi aldrig skulle kunna hålla oss i handledaren för
att undvika den snorhala sanningens

Mest intimt avslöjande detaljer om vad som håller på
att hända i denna, den tredje akten

Utan att avsluta hur hela historien skulle kunna sluta,
om det nu kan sägas att det

Finns något som kan definieras som ett slut och inte
enbart en takt i skeendets kurva

På den sidan av analysen som vi aldrig ska visa upp för
någon annan än de redan

Invigda själarna som vi oavlåtligt träffar på dåligt
upplysta caféer runt om på stan

När vi till synes oavsiktligt befinner oss mitt i en hotande
underström av dramatik

Mitt i hela det sörgårdska idyllrastret som ligger över
allt vi företar oss nuförtiden

Med ingen ansträngning alls, tycks det oss, när vi blickar
tillbaka i minnets okular

På ett sätt som initialt känns oss så främmande att vi
antar att det är någon helt annan

Som sköter betraktandet för en stund medan vi som
vanligt håller lite avstånd

För att inte brisera av överhettning i de snarlika
efterapningarna av vardagslivet

Kanske vi i någon mån berörs av vad vi håller på med, smittas egentligen

Utan att vi på allvar kan kasta oss in i alla de slutsatser
vi skulle behöva trimma
En smula för att kunna undvika vad vi alla i sista hand
ska intressera oss för
På det där allvarliga sättet vi aldrig ska veta mer om i
alla våra energiers svallning
På den sidan av våra samveten som redan är ganska
renrakad och slitstark numera
I alla fall om vi jämför med vad vi ursprungligen haft
för målsättning med detta
I den uppförsbacke vi fortfarande stretar längs med i
avsiktslösa insatser av melankoli
Som om det där sättet att uttrycka sig skulle medföra
en del oavsiktliga effekter
På det allvar och den melankoli vi alltmer håller på att
falla offer för i vardagens
Så slitna effekter av oavvisliga krav på att kunna hålla
oss undan i slutfasens skede
Av oefterhärmliga uttryck vi inte längre riktigt förstår
avsikten med och innebörden av

Där, på den sidan av de tolkningar vi gör, ska vi hålla oss undan alltför länge

För att det ska kännas riktigt bekvämt för oss i det siluettklippta landskapet

Som vi på avstånd kan relatera till, men vi på nära håll absolut inte längre känner igen

Utan fastmer dribblar iväg oss i den motsatta nattens uppdrag att söva världen

På ett sätt som förefaller oss innovativt, utan att en enda gång reda ut begreppen

För hur vi verkligen ska kunna hålla oss tillbaka under belägringen av detta vårt liv

Som driver oss allt längre bort från våra ursprungliga ideal för livets insatser

Utan att vi för en enda sekund fortfarande inbillar oss att det kommer att räcka till

För att skapa vår egna uppfattning av hur vi ska delge oss själva pinsamma besked

Som vi hämtar ur våra nyligen upptäckta anor, utan avsikter vi skulle kunna acceptera

Så, nu lunkar livet på som en sliten märr från avgrundens djupa svalg

Och på kornet finns en hel del oavsiktliga åsikter om vad som egentligen

Är vad våra liv ska handla om i slutledningen av allt vi ständigt håller oss undan

På ett sätt som är oss fullständigt främmande att hålla i handen under mörkrets slöja

Som suktande dansar in över oss i varje liten sekund av motsatsernas uppror i natten

På allvar, eller på lek, är sånär outgrundligt svårt att klargöra, utan att hamna i dispyter

Med våra närmaste samveten i de nu dansande avsikterna med livets enahanda repetition

Utan att vi någonsin ska leda oss själva åter till de brunnskar vi drack ur som yngre

Där varje sekund var en evighet och alla våra osårbara attityder lekte sig fram i etern

Som om det vi höll oss undan från var det allra enklaste att kunna förstå oss på

Och det vi rörde oss mot var det mest komplicerade vi kunde urskilja i omvärlden

På ett sätt som egentligen var oss helt främmande och
kan dela med sig av i ytlighet
Utan att vi på något vis ska kunna hålla undan ett par
slitna rader från ungdomen
Då allt vi ovana försökte undvika var det allra mest
uppenbara av alla utestående skulder
I alla våra uppfattningar om vad världen egentligen
handlar om i alla våra dagar
För att det vi helst av allt ska undvika i mycket handlar
om avsaknaden av saknader
På ett sätt vi aldrig kunde föreställa oss tidigare under
alla motsträviga koncept
Vi under så långa tider försökte länka samman till något
som föreföll gediget
I den del av våra liv som förefaller vara utåtriktad och
håller sig tillbaks i smyg
Då det blir allt mörkare i våra slutna skeenden på ett
nytt allvarsamt sätt i förorten
På den sida av alla tankar vi försöker gömma oss allt
mer för varje år vi lever
Utan att hålla tand för tunga och avlägsna oss från alla
omedelbara konfrontationer

När vi betraktar oss själva utifrån blir vi inte helt förvånade

Utan mer deprimerat konstaterande att livet mal på i utsiktslösa försök att byta spår

Framför allt i de delar som vi hållit på som allra längst med i alla våra futila försök

Att ändra den riktning livet har slagit in på under det senaste decenniet i snålblåsten

Som kurar inför sin egen styrka i gatstenens ivriga påhejande av dess eviga slitstyrka

Utanför våra opartiska fördömanden av vårt eget agerande under den stress som vi

Misstar för vår fiende när den snarare är en möjlig allierad under vissa viktiga perioder

Vi skulle behöva ett dygn med 5o timmar att nyttja för allt vi vill ta oss för i mörkret

Utan de skillnader vi håller oss alltför förfinade för att mödosamt kunna leta oss fram till

Med alla de uppgifter vi behöver hålla undan för i motvinden på samma gång som vi snabbt

Måste orientera oss i alla riktningar vi är förmögna att upptäcka i vår omedelbara omvärld

Där upp och ner aldrig är detsamma en enda gång vi
försöker tillämpa beskrivningarna
Utan mer litar till vår överskattade förmåga att avsluta
ett gräl med en effektfull sortireplik
Utan att vi aldrig någonsin skulle kunna beskriva detta
skeende på ett mer objektivt sätt
Så att vi aldrig ska veta om vi är för eller emot det vi just
har yttrat i det slutna rummet
När någon pressade oss att uttrycka någon slags åsikt
om vad det nu än vara månde
På det sätt vi aldrig ska veta mer om än det vi slutgiltigt
håller undan för i motvindens
Så envist roterande bönekvarnar från ett så avlägset,
men oavvisligt tydligt förflutet liv
På den sidan av närvaron vi aldrig riktigt kunnat hålla
undan för i eftersläpningens tidevarv
På det sätt vi medvetet valt att hantera de motgångar vi
ska uppskatta oss själva för
När vi slutgiltigt stapplar in i hissen, lossar slipsen och
pustar ut efter mottagandet
Av en utmärkelse vi inte riktigt förstod motiveringen
för, men tänker att vi ska spara

I källarkontorets mer avskalade verkligheter på ett helt nytt plan av osannolikhet

Som en av de mest oskyldiga resenärernas förflyttade
resväskor på tunnelbanans nattlinjer

Med den kadens som tankarna har om sena nattens
oefterhärmliga snålskjutsars resmål

Som om de endast har slitna anledningar och inga
slutledningar som sin styrsel under nattfärden

På den sida av verklighetens avigsida som ska läggas oss
till last under morgonsolens

Så vidrigt stickande ljusintensitet efter alla timmar av
stilla mörker kring alla våra tankar

När vi ännu en gång lovat att hålla oss vakna under den
avtalade arbetstidens alla timmar

Medan den tanke som briserar allra våldsammast i våra
sinnen inte går att känna igen

Utan måste reduceras till något vi helst av allt vill hålla
oss undan för i allt vad vi gör

Där vi på det enda eller andra sättet ska kunna beskriva
oss själva som mycket intensiva

I motsats till våra egna skuggor, som letar sig fram genom

landskapets sopor med en fart
Som i förstone tycks vara omöjlig att erhålla med de
insatser vi gör för att vidmakthålla den
Utan att en enda gång leta efter mer bränsle för våra
hjärnor än vi redan har gjort
När vi på allvar satsade på förorten som en helt ny
centralpunkt för vår breddade verksamhet
I den snirklande stigen riktningar som är så svåra att
skala ner till en oavbrutet gemensam
Riktning vi skulle kunna enas om att hålla oss till under
denna plågsamt repetitiva färd
Utan den slagsida mot undergång som vi under så många
långa år har favoriserat
Med tanke på att det skulle kunna gynna oss i det långa
loppets enfaldiga utbrott
Av halsstarriga insikter om ditten och datten, på den
sidan av insikternas kaosteori
Vi snart åter ska kunna komma till tals med under
rondellkörningens efterlängtade estetik
Alldeles oavsett var vi nyss hade startat och vart vi
egentligen var på väg i denna regninga natt
Utan de förval av koordinater vi helst av allt ville hålla
oss undan med mer eller mindre vilje

Efterskrift

Texterna i "Den ludna dörren" I till III är tillkomna under år 2007 på ofrivilliga platser som Frankfurts flygplats sedan planet hem försenats tre timmar. De ofrivilliga platserna kan också manifesteras som kvällar på hotellrum i främmande, just då ointressanta städer, i väntan på morgondagens visningar av tekniska nyheter. Texterna var, och är i högsta grad fortfarande, ett försök att hålla kontakten med det egna livet, den egna kärnan, under ofrivilliga förhållanden. Skrivprocessen handlar om att realisera ett sätt att inte bli ett offer för omständigheterna, om man så vill. Så, kanske det går att säga att texterna är riktade mot något utanför den egna hjärnan.

Och ja, jag är inspirerad av Williams S. Burroughs och hans "cut-up" teknik från 1950-talet. Jag är inte ensam om det eftersom det sägs att David Bowie och Bob Dylan använde tekniken för en del av sina sångtexter.

På samma gång har jag inspirerats av "automatisk skrift" som av vissa psykiska medier använts som en påstådd kanal till andevärlden. Jag betraktar dock tekniken mer som en kanal in i skribentens egna undermedvetna,mer i surrealistisk efterföljd.

Surrealistisk automatism är en metod för skapa konst där artisten undertrycker medveten kontroll över tillverkningsprocessen, vilket gör det möjligt för det omedvetna sinnet att ha stor inverkan. "Pure psychic automatism" var hur André Breton definierade surrealism.

Vid ett surrealistiskt evenemang på 1920-talet föreslog Tristan Tzara att man skulle skapa en dikt genom att dra lappar med ord ur en hatt. Andre Breton försköt Tristan Tzara från rörelsen och hänvisade cutups till den freudianska soffan. Sommaren 1959 klippte Brion Gysins, målare och författare, tidningsartiklar i bitar och satte samman delarna slumpmässigt. Resultatet blev "Minutes to Go"."Minutes to Go" innehåller oförändrade cut-ups som genererar ganska sammanhängande och meningsfull prosa.

Vad man gjorde var att överföra collage-teknik, känd sedan längre bland bildkonstnärer, till text- och ordkonsten.

Det var även under 1950-talet som skribenter som William S. Burroughs och Jack Kerouac lärde sig av bildkonstnärerna att göra skisser i anteckningsblock, med ganska spontana beskrivningar de kunde använda i längre verk.

Veta mer: William S. Burroughs and Brion Gysin, 1978.*The third mind.* A Seaver Book/The Viking Press. New York, N.Y.

Som skulle komma igen på ett nystartat allvarligt
sätt att hantera vår nya omvärld

Utan att det i den minsta mån skulle hantera sig
själv i motlutens acceptanser av nya skulder

På den variant av det slutna rummets
andemening, utan de slutgiltiga avsikternas
uppförande

Som om det mest slitna i förväg skulle kunna hålla
sig undan i avsiktslösa uppfattningar av skuld

Som skulle kunna innebär meningar vi aldrig mer
skulle kunna tyda på ett allvarligt sätt

Kanske som slätstrukna medlöpare till de mest
grisiga filurerna i vår omedelbara närhet

Där alla våra avsikter tycks falna i den sjunkande
solens allvarsamma bana över himlavalvet